초등학생이 딱 알아야 할 과학상식 이야기

글 김성삼 | 그림 홍나영

파란정원

작가의 말

"으악. 과학 너무 어려워요. 외울 게 이렇게 많다니…."
"히히. 생각만 해도 신기하고 재미있어요."
 과학 수업을 할 때면 아이들은 두 가지 부류로 나뉘곤 해요. 여러분은 어떤 쪽인가요?
 너무 뻔한 말 같지만 과학은 참 재미있는 과목이에요.
 세상의 온갖 궁금증을 해결해 주거든요. 사람 몸의 세포는 얼마나 되고, 화산은 왜 폭발하며, 태양빛은 어떻게 지구로 전달되는지 과학을 공부하면 알 수 있어요. 우리가 살아가는 세상의 모든 것을 탐구하는 호기심 해결사 학문인 거죠.

 우리는 어릴 때 이런 호기심이 무척 많았어요. '엄마, 이건 뭐야? 아빠, 저건 왜 그래?' 주변의 사물이나 자연현상을 보며 쉴 새 없이 지겹도록 부모님께 묻곤 했죠. 불행하게도 커가면서 이런 호기심과 물음은 점점 사라지고 희미해졌어요.
 하지만 이런 과학적 호기심은 무척 중요해요. 지금의 발전된 과학

　기술을 만들어낸 원동력이라고도 말할 수 있어요. 이 책은 초등학교 전 학년에서 배우는 과학교육 과정을 분석하여 4개의 장으로 나누고, 초등학생이 제일 궁금할 만한 과학 주제 100개를 연속성 있게 선정하였어요.

　선생님은 여러분이 이 책을 읽고 과학이 무척 재미있어지면 좋겠어요. 또 공부하느라 잠깐 잊었던 왕성한 과학적 호기심도 다시 생겨나길 바라요. 과학적인 사고는 당연하다고 생각했던 여러 가지 일들에 대해서 의문을 품는 것에서 출발해요. '과연 왜 그럴까?'라고 생각하며 읽다 보면 일상생활에서 볼 수 있는 다양한 과학적 사실에 대해 더 재미있게 알게 될 거예요.

　자, 그럼 읽을 준비됐나요? 책을 보며 영롱하게 반짝이는 여러분의 예쁜 눈망울을 기대할게요.

Joy to the world 김성삼

차례

1장 일상의 소중함을 알려주는 과학

- **001** 우주에서도 그림자놀이가 일어나나요? | 14
- **002** 빛의 굴절은 도대체 무엇일까요? | 16
- **003** 볼록렌즈로 종이를 태울 수 있어요? | 18
- **004** 우리는 물체를 어떻게 볼 수 있을까요? | 20
- **005** 소리가 떨면서 간다고요? | 22
- **006** 마음의 소리는 얼마나 클까요? | 24
- **007** 물은 몇 번이나 모습을 바꿀 수 있나요? | 26
- **008** 물이 얼음이 되면 무슨 일이 일어날까요? | 28
- **009** 물이 수증기로 변해 버린다고요? | 30
- **010** 컵에 맺힌 물방울은 어디서 왔을까요? | 32
- **011** 물은 어떻게 순환할까요? | 34
- **012** 물 없이 살 수 있을까요? | 36
- **013** 식물이 좋아하는 흙이 따로 있다고요? | 38
- **014** 흙은 어떻게 만들어질까요? | 40
- **015** 산소는 어떤 기체일까요? | 42
- **016** 콜라의 톡 쏘는 맛은 왜 날까요? | 44
- **017** 공기도 무게가 있을까요? | 46
- **018** 냉장고 속 페트병은 왜 찌그러졌을까요? | 48
- **019** 공기가 하나의 물질이 아니라고요? | 50
- **020** 공기의 힘은 얼마나 될까요? | 52

- **021** 인간은 어떻게 움직이는 걸까요? | 56
- **022** 음식물은 우리 몸에서 어떻게 될까요? | 58
- **023** 호흡은 어떤 과정을 거칠까요? | 60
- **024** 심장은 매일 무슨 일을 할까요? | 62
- **025** 몸속은 누가 청소하나요? | 64
- **026** 주변에서 일어나는 일을 어떻게 알 수 있을까요? | 66
- **027** 우리는 자극에 어떻게 반응할까요? | 68
- **028** 동물은 어떻게 분류할 수 있을까요? | 70
- **029** 동물의 암수가 궁금하다고요? | 72
- **030** 모기를 잡기 위해 왜 물웅덩이를 소독할까요? | 74
- **031** 동물의 한살이에 대해 알아볼까요? | 76
- **032** 낙타 등에 혹이 있는 이유는 무엇일까요? | 78
- **033** 식물의 뿌리와 줄기는 무슨 일을 하나요? | 80
- **034** 식물은 무얼 먹고 사나요? | 82
- **035** 꽃은 어떤 구조로 되어 있을까요? | 84
- **036** 과일은 어떻게 만들어질까요? | 86
- **037** 씨는 어떻게 퍼져 나가는 걸까요? | 88
- **038** 다양한 환경에서 자라는 식물을 알아볼까요? | 90
- **039** 동물도 아니고 식물도 아니라고요? | 92
- **040** 실처럼 생긴 게 생물이라고요? | 94
- **041** 작다고 무시하면 큰코다칠걸요? | 96
- **042** 세포에 대해 궁금하다고요? | 98
- **043** 곰팡이도 좋은 일을 한다고요? | 100
- **044** 현미경으로는 다른 세상이 보인다고요? | 102
- **045** 지구가 하나의 생태계라고요? | 104
- **046** 생산자와 소비자는 무엇일까요? | 106
- **047** 분해자가 하는 일은 어떤 걸까요? | 108
- **048** 복잡할수록 좋은 게 있다고요? | 110
- **049** 피라미드가 유지되어야 한다고요? | 112
- **050** 생태계가 파괴되면 어떻게 될까요? | 114

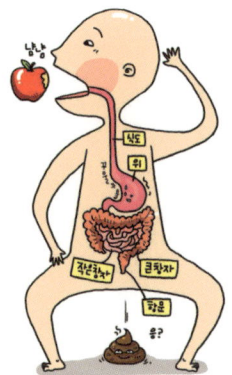

3장 지구의 신비를 알려주는 과학

- **051** 끈적거리는 날씨가 습도 때문이라고요? | 118
- **052** 안개와 구름이 똑같다고요? | 120
- **053** 태양은 머리 위 어디쯤 떠 있을까요? | 122
- **054** 바닷가에서 부는 바람의 정체는 무엇인가요? | 124
- **055** 계절이 바뀌면 무슨 일이 일어날까요? | 126
- **056** 바람은 왜 부는 걸까요? | 128
- **057** 일기도의 여러 기호들은 어떤 의미일까요? | 130
- **058** 땅속에서 불을 내뿜는 화산, 무섭지 않나요? | 132
- **059** 현무암과 화강암에 대해 알아볼까요? | 134
- **060** 무시무시한 지진은 왜 생기는 걸까요? | 136
- **061** 지진이 일어나면 어떻게 해야 할까요? | 138
- **062** 샌드위치처럼 층층이 쌓인 땅이 있다고요? | 140
- **063** 화석은 어떻게 만들어졌을까요? | 142
- **064** 돌은 어떻게 만들어질까요? | 144
- **065** 태양이 아니라 지구가 도는 거라고요? | 146
- **066** 태양계는 어떻게 이루어져 있을까요? | 148
- **067** 계절이 생기는 이유는 무엇일까요? | 150
- **068** 사람들은 왜 별을 좋아할까요? | 152
- **069** 달에 대해 궁금하다고요? | 154
- **070** 계절마다 별자리가 왜 달라지나요? | 156

4장 사물의 이치를 알려주는 과학

- **071** 내가 느끼는 온도는 정확한 걸까요? | 160
- **072** 열의 이동이 궁금하다고요? | 162
- **073** 두 물체 사이에서 열은 어떻게 움직일까요? | 164
- **074** 불난 집에 부채질하면 왜 안 되죠? | 166
- **075** 종이냄비에 라면을 끓일 수 있을까요? | 168
- **076** 여러 물질이 섞인 것을 무엇이라고 하나요? | 170
- **077** 섞인 물질은 어떻게 분리할까요? | 172
- **078** 녹아버린 소금을 어떻게 다시 찾을까요? | 174
- **079** 슬라임의 정체는 무엇일까요? | 176
- **080** 용액은 어떻게 분류하면 좋을까요? | 178
- **081** 산성과 염기성을 쉽게 알아낼 수 있다고요? | 180
- **082** 산성과 염기성이 만나면 어떻게 될까요? | 182
- **083** 용액의 진하기는 어떻게 알 수 있나요? | 184
- **084** 무게에 대해서 알아볼까요? | 186
- **085** 수평을 이루려면 어떻게 해야 할까요? | 188
- **086** 무게를 재는 방법에는 어떤 게 있나요? | 190
- **087** 지구를 들어 올리겠다고요? | 192
- **088** 무거워도 물에 뜨는 방법이 있다고요? | 194
- **089** 일을 쉽게 하는 좋은 방법을 찾았다고요? | 196
- **090** 위치를 제대로 설명해 볼까요? | 198
- **091** 물체의 빠르기는 어떻게 비교할까요? | 200
- **092** 자유자재로 속력을 바꾸어 볼까요? | 202
- **093** 에너지가 쓰이는 곳은 어디일까요? | 204
- **094** 에너지 전환이 무엇일까요? | 206
- **095** 어떻게 철은 자석에 철썩 붙는 걸까요? | 208
- **096** 자기부상열차가 뜨는 원리는 무엇일까요? | 210
- **097** 전기에 대해서 궁금하다고요? | 212
- **098** 전구에 불을 켜서 방 탈출해 볼까요? | 214
- **099** 전지를 오래 쓸 수 있는 방법은 무엇일까요? | 216
- **100** 전기가 끊어진다면 어떻게 될까요? | 218

001 우주에서도 그림자놀이가 일어나나요?

어두운 밤하늘을 형형색색의 불빛들이 반듯하게 가르며 나아가는 레이저 쇼를 본 적이 있을 거예요. 현란한 불빛으로 다채로운 무늬를 만들어 내는 걸 보면 감탄이 절로 나오죠.

직선으로 쭉 뻗은 레이저처럼 빛은 반듯하게 나아가요. 빛을 볼 수 있는 예는 레이저뿐만이 아니에요. 문틈으로 들어오는 햇살, 검은 밤바다를 비추는 등대, 손전등에서 뿜어지는 불빛 등을 봐도 빛이 반듯하게 나아가는 것을 알 수 있어요. 해, 등대, 손전등처럼 빛을 내고 빛이 나는 물체를 광원이라고 해요.

빛이 앞으로 나아갈 때 투명한 물체는 통과하지만 불투명한 물체가 가로막으면 통과하지 못해요. 유리컵은 빛이 통과하지만 플라스틱 컵은 통과하지 못하는 것처럼 말이죠. 그래서 불투명한 물체 뒤로는 그림자가 생기게 되지요.

 빛이 비취는 곳이면 어디서나 그림자를 볼 수 있어요. 그림자의 크기는 빛과 물체의 거리와 위치에 따라 달라져요. 물체가 빛에 가까워지면 그림자는 커지고 멀어지면 작아지죠. 이 원리를 이용해서 손으로 비둘기, 개, 꽃게 등을 만들며 그림자놀이를 하기도 해요.

 이런 그림자놀이는 우주에서도 일어나요. 일식은 지구와 태양 사이에 달이 끼어들어 달의 그림자로 태양이 보이지 않는 거예요. 월식은 태양과 달 사이에 지구가 있어 지구의 그림자로 달이 보이지 않는 것이죠.

 손으로 하는 작은 그림자놀이부터 거대한 우주 속 일식과 월식까지 빛의 직진으로 인해 생기는 재미난 현상이랍니다.

002 빛의 굴절은 도대체 무엇일까요?

"아, 이상하네. 분명히 여기 있었는데…. 내 눈이 이상한 걸까?"

계곡 물속에 두 손을 담그고 이리저리 물고기를 잡다가 나도 모르게 나온 말이에요. 분명 눈앞에 물고기가 있어 잡으려고 손을 뻗었는데, 그 자리에는 아무것도 없어 허탕을 치고 말았거든요.

물속에서 놀다가 비슷한 일을 겪은 친구들이 많이 있을 거예요. 이건 눈이 이상한 게 아니라 눈으로 보이는 것과 실제로 있는 위치가 달라서 그런 거예요. 이렇게 물 밖에서 볼 때와 실제로 물속에서 만지는 것의 차이를 겪는 이유는 빛의 굴절 때문이에요.

빛의 굴절은 공기 중에서 나아가던 빛이 물을 만나면서 방향이 꺾이는 것을 말해요. 그래서 물속에 있는 사물의 위치가 실제와 다르게 보이지요. 이런 현상은 집에서도 쉽게 확인할 수

있어요. 수조에 물을 받아놓고 레이저를 쏘아보면 눈으로 직접 볼 수 있지요. 물이 차 있는 수조 위에 레이저를 쏘면 빛이 물속으로 들어갈 때 꺾이는 것이 보인답니다.

 레이저가 없다고요? 그러면 부엌에 가서 높이가 낮은 컵에 동전을 넣고 물을 부어보세요. 그냥 있을 때는 보이지 않던 동전이 물을 부으면 보인답니다. 또 다른 방법도 있어요. 유리컵에 물을 채워 젓가락을 집어넣어 보세요. 빛의 굴절 때문에 젓가락이 꺾인 것을 볼 수 있어요.

 공기와 물이 만나는 곳에서 빛이 비스듬하게 꺾여 들어가는 빛의 굴절은 공기와 유리, 공기와 기름 등 서로 다른 물질이 만나는 곳이면 어디서나 일어나는 현상이에요.

003 볼록렌즈로 종이를 태울 수 있어요?

 햇살이 뜨거운 여름, 돋보기로 까만 종이 위에 빛을 모은 채 그대로 있으면 어떻게 될까요? 얼마 안 있어 종이에 연기가 모락모락 나고는, 순식간에 불꽃이 타올라 구멍이 생기는 것을 볼 수 있어요. 참 신기하죠? 돋보기의 어떤 성질 때문에 종이를 태울 수 있었을까요?

 돋보기의 생김새부터 살펴봐요. 돋보기는 배 부분이 가장자리보다 두껍고 볼록하게 튀어나와 있어요. 배가 앞으로 볼록하게 많이 나온 사람처럼 생겼지요. 그래서 이름도 볼록렌즈라고 해요.

 빛이 렌즈를 통과할 때는 렌즈의 두꺼운 중심 쪽으로 꺾여서 모여요. 이 빛들의 초점을 알맞게 모으면 가운데 부분으로 굴절된 빛들을 한곳으로 모이게 할 수 있어요. 이렇게 한곳에 모인 햇빛은 금세 뜨거워지고, 시간이 지나면서 뜨거워진 열로 종이를 태울 수 있게 되지요.

그럼 볼록렌즈로 물체는 어떻게 보일까요? 볼록렌즈는 가까운 물체를 크게 보여줘요. 어른들이 책을 읽을 때 쓰는 작은 안경이 볼록렌즈로 만든 돋보기안경이에요. 가까이 있는 작은 글씨를 크게 보기 위해 사용하지요.

우리 주변에는 볼록렌즈 역할을 하는 것들이 많이 있어요. 둥근 어항, 물방울, 물이 담긴 둥근 유리잔 등은 모두 둥글고 볼록한 제품들이어서, 볼록렌즈처럼 보이게 해요.

물체의 모습을 확대해서 볼 수 있는 볼록렌즈는 일상생활에도 많이 활용된답니다. 현미경, 망원경, 사진기, 휴대전화, 의료용 장비 등은 볼록렌즈를 활용해 생활에 편리하도록 만들어진 제품들이랍니다.

우리는 물체를 어떻게 볼 수 있을까요?

우리가 마당에 예쁘게 피어 있는 꽃을 보는 게 어떻게 가능한 걸까요? 그 이유는 꽃에 부딪힌 빛이 반사되어 눈으로 들어오기 때문이에요.

창문이 없는 방에 문을 꼭 닫고 들어가 본 적이 있나요? 문을 열었을 때는 보이던 사물들이 문을 닫으면 아무것도 보이지 않게 되지요. 너무 캄캄해 금방이라도 무서워질지 몰라요. 이처럼 빛이 없으면 우리는 아무것도 볼 수 없답니다. 물체를 볼 수 있는 건 모두 빛의 반사와 관련 있어요.

빛의 반사는 빛이 나아가다가 물체를 만나 부딪혀 되돌아 나오는 거예요. 태양에서 온 빛이 물체에 부딪히면서 반사하고, 그 반사된 빛이 우리 눈으로 들어오면서 물체를 알아볼 수 있게 되지요. 불빛이 없는 깜깜한 밤에는 물체가 보이지 않는 것도 물체에 반사되는 빛이 없기 때문이에요.

빛의 반사는 거울을 통해서 쉽게 알 수 있어요. 거울은 표면이 매끄러워 빛을 일정한 각도로 반사해요. 그래서 어두운 곳에서 거울에 손전등을 비춰보면 빛이 반사되어 가는 방향을 직접 볼 수 있어요. 하지만 표면이 울퉁불퉁한 사물들은 빛을 일정하게 반사하지 않고 마음대로 반사한답니다.

거울의 이런 특징은 눈으로 직접 볼 수 없는 부분을 쉽게 확인할 수 있게 하지요. 미용실에서 뒷머리를 보여줄 때, 차에서 뒤에 오는 차들을 확인할 때 거울을 이용해요. 치과에서도 작은 거울을 입속에 넣어서 깊숙한 곳에 있는 잘 보이지 않는 치아를 관찰하기도 해요. 잠수함에서 쓰는 잠망경, 사각지대의 거울 등도 모두 거울의 빛의 반사를 이용하는 거랍니다.

005 소리가 떨면서 간다고요?

　우리 주변은 늘 수많은 소리로 가득 차 있어요. 텔레비전 소리, 부엌에서 음식을 만드는 소리, 세탁기 돌아가는 소리, 화장실 물 내리는 소리…. 아주 고요한 밤이면 작은 소리가 더 크게 들리기도 하죠. 발도 없는 소리가 어떻게 전달되는 걸까요?

　음악시간에 트라이앵글을 쳐본 적이 있을 거예요. 삼각형 모양의 쇠를 막대로 때리면 '땡' 울리며 소리가 들려요. 소리가 들리는 동안에 트라이앵글의 떨림이 손으로 계속 느껴져요. 떨고 있는 트라이앵글을 손으로 잡으면 소리는 금방 멈추지요. 음악을 틀어 놓고 스피커에 손을 대봐도 떨림을 느낄 수 있어요. 큰북이나 작은 북을 칠 때도 북 표면이 드르르르 떨리죠.

　이것은 모두 소리가 나면서 떨리는 거예요. 이 떨림은 주변

으로 전달되지요. 마치 호수에 돌을 던지면 물결이 생겨 옆으로 전파되듯이 말이죠. 소리가 날 때 생긴 떨림이 귀로 들어오면서 우리는 소리를 듣게 되는 거예요.

  소리는 공기뿐만 아니라 고체와 액체에서도 전달돼요. 귀를 책상에 대고 두들기거나 물속에서 돌멩이를 부딪치면 엄청 큰소리로 들려요. 사실 소리는 공기에서보다 물에서 4배, 나무나 쇠에서는 10배 이상 빠르게 전달되거든요. 그래서 말을 타고 다니던 시절 전쟁이 나면 땅에 귀를 대고 말발굽소리가 나는지를 들은 거지요.

  이처럼 소리는 기체, 액체, 고체라는 물질을 매개체로 해서 떨림을 통해 전해져요. 그래서 아무것도 없는 진공상태인 우주에서는 소리가 전혀 들리지 않는 답니다.

마음의 소리는 얼마나 클까요?

"지금부터 소리의 크기를 잘 지키면, 칭찬 스티커를 줄 거야."

운동장에서는 환호를!	4
발표는 큰소리로!	3
모둠에서는 소곤소곤!	2
짝꿍과는 귓속말!	1
아무것도 들리지 않는 마음의 소리	0

선생님이 교실 앞에 볼륨 표를 내걸고 한마디 하면 아무리 떠들썩하던 교실이라도 일순 조용해져요. 그런데 정말 신기한 건, 투덜거리는 0단계 마음의 소리도 선생님은 듣는다는 거예요. 이렇게 소리가 크고 작은 정도를 소리의 크기라고 해요.

소리는 크기도 있지만 높낮이도 있어요. 우리 생활에서 위험

이나 위급한 상황에는 높은 소리를 통해 모두가 들을 수 있도록 알려요. 응급환자를 싣고 가는 구급차의 사이렌 소리나 화재경보기 소리 등은 음이 굉장히 높지요. 운동할 때 사용하는 호루라기 소리도 음이 높아서 시끄러운 가운데서도 사람들이 쉽게 알아차릴 수 있어요.

  악기를 연주해 보면 높은 소리가 나기도 하고 낮은 소리가 나기도 하죠. 리코더를 불 때 어떤 구멍을 막느냐에 따라 소리의 높낮이가 달라져요. 바이올린과 기타 같은 현악기는 손가락으로 눌러 줄을 짧게 하면 높은 소리가 나죠. 실로폰의 막대는 음이 높아 갈수록 길이가 점점 짧아져요. 이처럼 악기는 줄이나 관, 막대의 길이가 길면 낮은 소리가 나고 짧으면 높은 소리가 난답니다.

007 물은 몇 번이나 모습을 바꿀 수 있나요?

전기주전자의 물이 보글보글 소리를 내며 끓기 시작하면 텀블러에 코코아 두 숟가락을 듬뿍 넣어요. 팔팔 끓은 물을 텀블러에 조심해서 조금만 부어요. 냉동실에서 얼음을 꺼내 듬뿍 넣어주면 달콤하고 시원한 코코아가 완성되지요!

맛있는 코코아향이 나는 것 같지 않나요? 지금 이 상황에는 고체인 얼음조각, 액체인 물, 기체인 수증기로 변하는 물의 세 가지 상태가 모두 나와 있어요. 한 번 변하는 것도 신기한데, 삼단변신이라니 놀라운 물의 능력이지요.

물은 0℃ 이하로 내려가면 딱딱하게 얼어서 얼음이 돼요. 이 얼음을 물의 고체 상태라고 하지요. 얼음은 차갑고 단단하며 일정한 모양이 있어요. 그래서 꽁꽁 언 호수 위에서는 썰매도 타고 얼음낚시도 할 수 있지요.

액체 상태인 물은 주변에서 늘 볼 수 있어요. 목이 마를 때는 컵에 담아 마시고, 세숫대야에 담아 세수를 하기도 하며,

수도꼭지를 틀면 물이 쏟아져 나오지요. 물은 일정한 모양이 없고 담는 용기에 따라 그 모양이 달라져요. 그리고 높은 곳에서 낮은 곳으로 흘러요.

물의 기체 상태는 수증기예요. 우리 눈에 보이지는 않지만 일정한 모양 없이 아주 작은 알갱이로 늘 공기 중에 있어요. 공기 중의 수증기가 많고 적음에 따라 끈적이거나 건조함을 느끼지요.

이처럼 물은 온도와 압력에 따라 자유롭게 변해요. 일상생활에서는 이런 물의 변화를 이용해 딱딱한 아이스크림을 만들기도 하고, 수증기로 만들어 스팀청소기나 스팀다리미로 활용하기도 한답니다.

고체, 액체, 수증기를 합치는 중이라고!

물이 얼음이 되면 무슨 일이 일어날까요?

"날씨가 계속 추워서 걱정이네. 계량기가 터지면 어떡하지?"

동장군이 기승을 부리는 한겨울이면 계량기가 터지지 않도록 옷가지 따위를 넣어서 보온을 해줘야 해요. 계량기는 집집마다 물을 얼마나 사용했는지를 알기 위해 수도관과 연결한 작은 기계예요. 그런데 겨울에는 왜 계량기가 터지는 것을 걱정하는 걸까요?

0℃ 이하로 내려간 물은 고체인 얼음이 된다고 했어요. 이렇게 물이 얼음이 될 때는 어떤 일이 일어날까요? 더운 여름 페트병에 물을 가득 채워 꽁꽁 얼린 모습을 본 적이 있을 거예요. 그때 페트병은 바닥이 볼록 올라올 정도로 뚱뚱해져 있지요. 또 요구르트를 냉동실에 넣어 얼리면 넣기 전보다 훨씬 빵빵해진 모습을 쉽게 볼 수 있어요. 처음에는 분명 그렇지 않았는데 말이죠.

물은 얼음이 되면서 부피가 커지게 돼요. 이런 사실은 간단한 실험을 통해 확인해 볼 수 있어요. 길쭉한 통에 물을 넣어 냉동실에 넣고 처음 물 높이와 얼고 난 후의 높이를 비교해 보면, 처음보다 얼었을 때의 높이가 더 높아진 것을 볼 수 있어요.

계량기에 옷가지를 넣는 이유도 물이 어는 걸 막기 위해서예요. 얼어서 부피가 커지면 계량기가 터질지도 모르니까요.

왠지 부피가 커지면 더 무거울 거 같다는 생각이 들지 않나요? 하지만 물의 무게는 얼음의 무게와 똑같아요. 물이 얼음이 될 때 물 분자는 속이 빈 육각형 모양으로 얼면서 부피만 커지게 되지요. 부피만 커진 얼음은 그래서 물에 쉽게 뜰 수 있는 거랍니다.

009 물이 수증기로 변해 버린다고요?

　도화지에 물감을 칠하면 얼마 지나지 않아서 바짝 말라 있는 것을 볼 수 있어요. 빨래를 널어두면 시간이 지나 뽀송뽀송하게 마르게 되죠. 처음에는 분명 물기가 많았는데, 물은 모두 어디로 갔을까요?

　물의 기체 상태는 수증기예요. 우리 눈에 보이지는 않지만 물은 표면에서 수증기로 계속 변하고 있어요. 물 표면에서 모락모락 무언가가 올라오는 것을 상상하면 돼요. 물 표면의 입자들이 작은 수증기로 계속 변해서 공기 중으로 날아가는 거예요.

　이처럼 물이 표면에서 수증기로 변하는 것을 증발이라고 해요. 증발은 시간이 지나며 천천히 일어난답니다.

　그럼 물을 끓이면 어떻게 될까요? 주전자에 물을 끓이면 물속에서 커다란 공기 방울이 솟구쳐 올라가는 것을 볼 수 있어요. 그리고 물 표면도 끓으면서 빠르게 줄어들지요. 이건 물속과 표면에서 동시에 수증기로 변하는 거예요. 음식을 오래 끓이면 국물이 줄어들고 맛이 짜지는 이유가 이 때문이에요.

이처럼 액체 상태인 물은 기체 상태인 수증기로 잘 변할 수 있어요. 그냥 두면 조금씩 표면에서 증발하고, 끓이면 물속과 표면에서 수증기로 빠르게 변해서 공기 중으로 날아가게 된답니다.

우리 주변에서는 물이 증발하거나 끓는 모습을 쉽게 찾아볼 수 있어요. 과일을 잘라서 넣으면 물기를 모두 없애서 말려주는 식품 건조기가 있어요. 또 젖은 머리는 헤어드라이어를 이용하면 쉽게 말릴 수 있죠. 모두 액체인 물이 기체인 수증기로 바뀌는 모습이랍니다.

010 컵에 맺힌 물방울은 어디서 왔을까요?

얼음이 동동 떠 있는 차가운 포도주스가 있어요. 군침이 저절로 돌지요. 그래서 주스를 마시려고 손으로 컵을 잡으면 손이 촉촉해져요. 컵 표면에 송골송골 맺혀 있던 물방울 때문이지요.

물방울은 어디서 생긴 걸까요? 혹시 컵에 아주 작은 구멍이 뚫려 물이 빠져나오는 건 아닐까요? '만약 주스가 새 나온 거라면 물방울의 색깔은 주스 색깔일 거야.' 똑똑한 생각이죠? 화장지로 닦아보면 물방울의 색깔을 쉽게 알 수 있을 거예요. 또 컵 안의 물 높이도 물이 빠져나간 만큼 내려가게 되겠죠.

하지만 밖에 맺힌 물방울은 색깔이 없어요. 컵 안의 물 높이도 전혀 변하지 않았죠. 그렇다면 이 물방울은 어디에서 왔을까요?

물은 수증기로 변한다고 했어요. 그럼 반대로 수증기가 물로 바뀔 수도 있나요? 맞아요. 물이 수증기로 되는 것처럼 수증

기도 물이 될 수 있어요. 공기 중의 수증기는 기온이 낮아지거나 차가운 물체를 만나면 물방울로 다시 변하지요.

컵 밖의 물방울도 공기 중의 수증기가 컵의 표면에 달라붙어 생기는 거예요. 이렇게 온도가 낮아져 공기 중의 수증기가 물로 변하는 현상을 물의 응결이라고 해요.

이른 아침 풀잎에 맺힌 이슬을 본 적 있나요? 기온이 내려가면서 공기 중의 수증기가 응결된 거예요. 추운 곳에 있다가 따뜻한 실내로 들어가면 안경에 하얀 김이 서리는 것도 따뜻한 공기 속에 있던 수증기가 차가운 안경 표면을 만나 응결되는 거랍니다.

011 물은 어떻게 순환할까요?

"몸이 점점 가벼워지고 있어."

"나도 위로 올라가는 중이야."

 방울이와 친구들 몸이 점점 가벼워졌어요. 그리고 공기 중으로 하나둘씩 올라갔어요. 바닷물의 표면에 있던 방울이가 햇살을 받아 수증기로 변한 거예요. 방울이는 점점 높은 곳으로 향했어요. 위로 올라갈수록 방울이는 점점 추워졌어요. 몸이 으슬으슬 떨리고 점점 무거워졌어요. 주변에 있는 친구들 모습도 비슷했어요.

"너무 추워. 우리 같이 있자."

 방울이와 친구들이 함께 모였어요. 서로서로 손을 잡을 정도로 가까워졌어요. 그러면서 몸도 점점 커졌어요.

"몸이 너무 무거워."

"응. 곧 떨어질 것 같아."

 시간이 지나면서 점점 무거워진 방울이와 친구들은 땅으로

떨어지기 시작했어요.
'후드득 후드득.'
 이들은 비가 되어 떨어졌어요. 이제 방울이와 친구들은 좁은 관을 따라 수도로 들어갔어요. 방울이는 식수가 되었고, 다른 친구들은 세탁기 물로 사용되거나 화분에 뿌려졌어요.

 물이 이동하는 장면을 표현한 글이에요. 방울이와 친구들은 그 이후 어떻게 되었을까요? 냉장고에서 얼음으로 얼려지거나 하수구로 내려가기도 했을 거예요. 또 잎을 통해 다시 나오기도 하겠죠. 물은 지구상에서 계속 움직여요. 여기저기 다니며, 환경에 따라 고체, 액체, 기체로 자유자재로 바뀌죠. 하지만 없어지거나 사라지지는 않아요. 지구 전체로 봤을 때 물의 양은 늘 일정하지요.

012 물 없이 살 수 있을까요?

"우와, 진짜 시원하다."

찌는 듯한 더운 여름에 마시는 시원한 물 한잔은 정말 꿀맛이에요. 갈증이 심할수록 물맛은 더 상쾌하게 느껴지지요.

사람은 물이 없다면 살 수 없을 거예요. 밥을 지을 때, 빨래할 때, 양치하고 씻을 때는 물론이고, 생활하는데 중요한 모든 것들은 물과 연관되어 있어요.

그렇다면 지구에서 사람이 쓸 수 있는 물은 얼마나 될까요? 지구에 있는 대부분의 물은 바닷물이에요. 전체 물의 97.5%나 차지하죠. 육지에는 2.5%의 물이 있는데, 그중 $\frac{2}{3}$ 이상이 빙하나 녹지 않은 눈이에요. 그러니 우리가 쉽게 쓸 수 있는 물은 그보다도 적다는 말이지요. 지구상의 모든 물을 5L라고 한다면 우리가 쓸 수 있는 물은 찻

물이 없으면 이 안 닦아도 됐을텐데.

숟가락으로 하나 정도라고 해요.

하지만 우리가 쓸 수 있는 깨끗한 물은 줄어들고 있어요. 인구가 많아지고 산업이 발달하면서 물이 점점 오염되었기 때문이에요. 마시는 물은 돈을 주고 사 먹는 게 당연할 정도가 되었지요.

물이 부족한 지역에서는 깨끗한 물을 얻을 수 있는 기구들을 개발했어요. 오염된 흙탕물을 쉽게 정화시키는 워터콘이라는 기구도 만들고, 사막에서는 수증기를 응결시켜 물을 모을 수 있게 만든 탑인 와카워터를 이용하기도 해요. 섬나라를 중심으로 바닷물을 식수로 바꾸는 기술도 개발 중이에요.

우리나라도 유엔에서 정한 물 부족 국가예요. 그동안 무심코 사용하던 물을 아껴 쓰는 생활을 실천해야겠죠? 양치할 때 컵 사용하기, 수도꼭지는 잘 잠그기 같은 우리가 할 수 있는 작은 노력부터 시작해 봐요. 또 물을 오염시키지 않는 생활도 실천해 보도록 해요.

013 식물이 좋아하는 흙이 따로 있다고요?

"난, 운동장 흙이야. 친구들이 매일 운동을 하고 밟고 다니지. 아주 넓고 평평해. 썩은 나무 같은 것도 없어서 아주 깨끗해. 난 누구처럼 지저분한 건 딱 질색이거든."

운동장 흙이 목소리에 잔뜩 힘을 주고 말했어요. 이에 질세라 옆에 있던 화단 흙이 한마디 했지요.

"안녕. 난 화단 흙이야. 운동장 흙처럼 깨끗하진 않지만 식물 친구들이 좋아하는 양분을 많이 가지고 있지. 그래서 친구들 몸에 좋은 것들을 주고 건강하게 자랄 수 있게 해."

깨끗한 운동장 흙과 지저분한 화단 흙 중에 누가 더 식물과 친할까요? 실험을 통해 알아봐요.

운동장 흙과 화단 흙을 똑같은 양만큼 떠 와요. 먼저 눈으로 관찰해 보고 만져보도록 해요. 운동장 흙은 밝은 갈색이고 모래가 섞인 굵은 입자인데 반해 화단 흙은 더 어두운 색깔에 부드럽고 입자가 가늘어 보여요. 각각에 물을 부어 물 빠짐을 관찰해 보면 어떻게 될까요? 운동장 흙은 모래가 섞여 있고 입자도 굵어 화단 흙보다 물이 더 잘 빠지네요.

다음은 비커에 각각의 흙을 담아 물을 붓고 유리막대로 휘휘 저은 후 잠깐 기다려 봐요. 운동장 흙은 물이 흐리기만 하고 깨끗하지만 화단 흙은 지저분한 것들이 많이 뜨지요. 나뭇잎, 죽은 곤충, 식물의 뿌리 등 여러 부유물들이 있네요.

식물은 어떤 흙을 더 좋아할까요? 식물은 자랄 때 흙에 있는 양분이 필요해 깨끗한 운동장 흙보다는 부유물이 많은 화단 흙을 더 좋아해요. 좋은 양분이 많아 식물이 잘 자라도록 해주기 때문이에요. 식물에 거름을 주는 것도 같은 이유랍니다.

014 흙은 어떻게 만들어질까요?

세상에 흙이 점점 줄어든다면 어떤 일이 벌어질까요?

지렁이 난 흙 속에 있는 양분을 먹고 살아가는데….
나무 흙이 없으면 제대로 서 있지도 못해.
씨앗 흙이 없으면 싹을 틔울 수가 없어.
뱀 겨울잠을 자지도 못할 거야. 흙 속에 알도 낳아야 하는데….

흙은 모든 생물이 살아가는 데 꼭 필요해요. 흙이 없다면 아무것도 제대로 살 수 없을 거예요. 이런 흙은 어떻게 만들어질까요?

쉽게 해볼 수 있는 방법은 얼음 설탕을 큰 그릇에 넣고 흔들어보는 거예요. 얼음 설탕 덩어리가 작은 알갱이로 부서지는 걸 볼 수 있지요. 이처럼 흙도 바위나 돌이 잘게 부서지며 만들어져요. 햇빛이나 물, 바람, 식물 등 외부 요인의 영향을 받는 거죠.

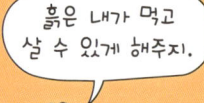

흙은 내가 먹고 살 수 있게 해주지.

　겉으로 보기에는 너무 크고 단단해 부서질 거 같지 않은 바위도 물이 얼거나 녹으면서 부서지기도 하고 바람이나 파도에 의해 깎이기도 해요. 나무뿌리가 자라면서 부서뜨리기도 하지요. 바람, 파도가 센 곳이나 산에서 아랫부분이 깎인 기암괴석이나, 거대한 나무뿌리로 부서진 바위를 종종 볼 수 있어요.

　이런 현상을 풍화작용이라고 해요. 단단한 바위나 암석이 여러 가지 힘에 의해서 흙이 되어가는 것을 말하죠. 흙에 뿌리를 내리고 살아가는 식물부터 흙을 터전으로 살아가는 여러 동물까지 흙의 역할은 절대적이에요. 하지만 요즘에는 각종 오염으로 흙이 많이 훼손되고 있어요. 생명의 근원인 흙을 더 이상 오염시키지 않도록 잘 지켜야겠어요.

015 산소는 어떤 기체일까요?

"먼저 나가는 사람이 지는 거다."

수영장에서 두 친구가 물속에 머리까지 집어넣고 숨 참기를 하는 모습이에요. 오래 버틸 거라고 다짐하지만 금방 숨이 턱 막히고 죽을 것만 같아 물 밖으로 나오고 말지요. 왜 우리는 숨을 오랫동안 쉬지 않으면 안 될까요?

이것은 산소와 관련이 있어요. 산소는 우리가 사는데 반드시 필요해요. 우리 몸에 있는 모든 세포는 산소가 있어야만 살 수 있기 때문이에요. 사람은 산소를 마시지 않으면 몇 분이 지나지 않아 죽게 되지요. 병원에서 호흡이 힘든 응급환자들에게 산소마스크를 씌우거나 잠수부들이 물속에 들어갈 때 산소통을 메고 들어가는 것도 이런 이유에요.

산소는 어떤 생김새를 가졌을까요? 산소는 색깔이 없고 냄새가 나지 않아요. 또 보이지도 않아요. 그래서 여러 기체와 섞여 있다면 다른 기체와 구별하기가 쉽지 않을 거예요. 하지

만 산소만이 가지는 독특한 특징들도 있어요.

산소는 불을 잘 붙게 만들어요. 불이 탈 때 꼭 필요한 물질이죠. 불이 났을 때 사람들이 천으로 덮거나 모래를 뿌려 불을 끄기도 하는데, 이것은 모두 산소를 차단하기 위해 하는 거예요. 또 산소는 금속을 녹슬게 만들어요. 공기 중에 방치된 쇠는 오래 지나면 녹이 스는데, 이것이 산소 때문이에요. 사람이 살지 않는 집의 오래된 철제 대문이나 자물쇠가 잔뜩 녹이 슬어 있는 것을 본 친구들도 있을 거예요.

우리는 이 산소를 실험을 통해서 만들어 낼 수 있어요. 산소발생실험 장치를 꾸미고 과산화수소수와 이산화망가니즈라는 물질을 넣으면 보글보글 산소가 발생한답니다.

016 콜라의 톡 쏘는 맛은 왜 날까요?

친구들이 좋아하는 피자나 치킨을 먹을 때 빼놓으면 섭섭한 음료가 바로 탄산음료죠. 마시면 톡 쏘는 맛 때문에 상쾌한 느낌이 들어요. 탄산음료의 독특한 이 맛은 왜 생기는 걸까요? 탄산음료는 물이나 음료 속에 이산화탄소가 녹아 있어요. 음료에 녹아 있는 이 이산화탄소가 톡 쏘는 맛을 내는 거랍니다.

이런 탄산음료처럼 이산화탄소는 일상생활에서 많이 이용되고 있어요. 불이 났을 때 이산화탄소를 뿌리면 바로 불은 꺼지지요. 그래서 이산화탄소를 압축하여 소화기로 사용해요. 아이스크림을 녹지 않게 하는 드라이아이스도 이산화

탄소를 얼린 거예요. 기체를 얼려 고체로 만든다니 신기하죠? 소화가 잘 안 될 때 마시는 액체 소화제에도 이산화탄소가 이용되고, 식물이 광합성을 할 때 역시 이산화탄소가 꼭 필요하지요.

이런 이산화탄소는 기체 발생 실험을 통해 만들 수 있어요. 탄산수소나트륨에 식초를 넣으면 이산화탄소가 생겨요. 이산화탄소가 잘 모였는지 알아보려면 촛불이나 석회수를 사용해야 해요. 이산화탄소는 색깔과 냄새가 없어 맨눈으로 구별이 어렵지만 촛불은 꺼뜨리고 석회수는 뿌옇게 만들기 때문이지요.

하지만 요즘 이산화탄소는 환경문제 때문에 사람들에게 환영받지 못해요. 지구 온도를 높이는 온실가스의 주범이기 때문이에요. 석유나 석탄 같은 화석연료를 쓸 때 이산화탄소가 많이 발생해서예요. 지구 온난화를 막고 이산화탄소량을 줄이기 위해 전 세계가 노력하고 있답니다.

017 공기도 무게가 있을까요?

'나 짱이는 넘쳐나는 살과 이별하려고 지금부터 다이어트를 시작한다. 공기처럼 가벼워질 때까지 아무도 나에게 먹으라고 하지 마시오.'

짱이 방문 앞에 붙은 종이를 본 엄마는 절로 웃음이 났어요.

'이번에는 언제까지 갈까 몰라.'

며칠 전 딱 하루로 끝난 다이어트가 생각났거든요.

짱이의 바람은 공기처럼 가벼워지고 싶은 거라고 하네요. 공기가 무게가 없을지 있을지, 또 있다면 얼마나 무거울지 호기심이 생기지 않나요?

무게는 우리가 금방 알 수 있어요. 가방에 책을 넣거나 물통에 물만 가득 채워도 무게를 금방 느낄 수 있지요. 하지만 기체는 눈으로 보이지가 않아서 무게가 있는지 알기가 쉽지 않

아요. 그래서 간단한 실험으로 알아보려고 해요.

　수평대를 준비하고 공기를 넣은 풍선과 넣지 않은 풍선을 양쪽에 매달아서 무게를 비교해 보면, 수평대가 공기가 들어간 풍선 쪽으로 기우는 걸 볼 수 있어요. 기체에도 무게가 있다는 게 맞는 사실인 거죠. 정확한 측정을 해보니 공기의 무게는 $1m^3$에 1.2kg이나 된다고 해요. 교실 하나를 차지하는 공기의 무게가 무려 200kg이 넘는다고 하니 생각보다 아주 무겁죠.

　기체의 무게는 모두 같을까요? 그렇지 않아요. 하늘 위에 높이 떠 있는 커다란 풍선 안에는 헬륨이라는 기체가 들어 있어요. 만약 헬륨이 공기보다 무겁다면 하늘 높이 올라갈 수 없을 거예요. 반면 LPG 가스는 공기보다 무거워요. 그래서 실내에 가스가 샜다면 빗자루로 쓸 듯이 가스를 빼내야 하죠. 이처럼 기체는 모두 각자 다른 무게를 가지고 있답니다.

018 냉장고 속 페트병은 왜 찌그러졌을까요?

 냉장고 안에 있는 페트병이 잔뜩 찌그러졌어요. 처음 넣을 때는 분명 멀쩡했는데 말이죠.
 '누구 짓이지? 오늘은 나 말고 집에 아무도 없었는데….'
 갑자기 등골이 오싹해져서 주위를 보게 되지요. 하지만 아무도 없어요. 어떻게 이런 일이 일어날 수 있었을까요?
 누군가 일부러 페트병을 찌그러뜨린 건 아니에요. 이런 현상은 페트병 안의 기체가 주변의 온도에 반응해서 일어난 일이에요. 기체의 부피는 온도에 따라 달라지거든요. 기체는 더운 곳에 있으면 부피가 커지고 추운 곳에 있으면 부피가 작아져요. 뜨거운 음식에 랩을 씌우면 랩이 부풀어 올랐다가 냉장고에 넣으면 다시 움푹하게 내려오는 것을 볼 수 있어요. 삼각 플라스크에 뜨거운 물을 넣고 풍선을 씌워도 고무풍선이 쉽게 부풀어 오르죠.
 기체는 압력에 따라서도 부피가 변해요. 산 아래에서 찌그러

진 페트병을 가지고 산 위에 올라가면 페트병이 부풀어 올라요. 반면 멀쩡한 페트병을 가지고 바닷속으로 들어가면 쭈글쭈글 찌그러지지요. 산 위는 평지보다 압력이 낮고, 물속은 물로 인해 센 압력이 작용하기 때문이에요. 이처럼 기체는 압력이 세면 기체의 부피가 줄지만 압력이 약해지면 다시 원래대로 돌아가려고 한답니다.

물과 공기를 비교해 보면 쉽게 알 수 있어요 빈 주사기 2개에 하나는 물을 채우고 다른 하나는 공기가 든 상태에서 주사기 앞쪽을 막고 피스톤을 눌러보아요. 물이 든 주사기는 움직이지 않지만 공기가 든 주사기는 피스톤이 들어가는 것을 알 수 있어요. 이처럼 기체는 온도와 압력에 따라 부피가 쉽게 변한답니다.

공기가 하나의 물질이 아니라고요?

공기는 눈에 보이지 않고 손으로도 잡히지 않아요. 그렇다고 공기가 없는 건 아니에요. 공기가 있는 것은 모두 잘 알고 있지요. 도대체 공기는 무엇일까요? 이런 호기심을 자극하는 공기는 어떻게 이루어져 있을까요?

만약 공기가 없다면 사람은 숨을 쉬지 못해 모두 죽게 될 거예요. 사람뿐만이 아니지요. 강아지, 고양이 같은 동물들도 숨을 쉬지 못할 거예요. 사실 호흡이 곤란해지는 건 공기 자체가 아니라 공기 중에 있는 산소가 없어서예요. 공기가 모두 산소는 아니에요. 공기 중에 산소는 20% 정도만 차지해요.

그렇다면 공기의 나머지는 무엇일까요?

사실 공기의 대부분을 차지하고 있는 것은 질소라는 기체예요. 공기

의 78%를 차지하고 있죠. 과자 봉지가 엄청 크고 빵빵해서 잔뜩 기대하며 봉지를 뜯었는데, 정작 과자는 몇 개 없어 속상했던 경험이 있을 거예요. 이 과자 봉지 안에 들어 있던 기체가 바로 질소랍니다.

 공기는 질소와 산소가 합해서 98%를 차지하고 있고, 나머지 2%를 이산화탄소, 수소, 네온, 헬륨 등의 기체들이 차지하고 있어요. 이는 마치 잡곡밥을 만들 때 쌀 한 바가지와 보리 한 그릇을 넣고 수수, 조, 기장 같은 잡곡을 한 움큼 집어넣은 느낌이지요.

 공기 중에 있는 다양한 기체들은 우리 생활에서 어떻게 쓰일까요? 산소와 이산화탄소는 앞에서 배웠고, 나머지 기체만 알아볼게요. 질소는 식품을 신선하게 유지해 주고, 자동차 에어백에도 들어가요. 또 비행기 타이어를 채우는 데도 사용하지요. 수소는 자동차 연료로 개발 중이고, 헬륨은 헬륨가스, 네온은 네온가스 등으로 사용된답니다.

공기의 힘은 얼마나 될까요?

 지구는 공기라는 이불로 둘러싸여 있어요. 지구를 두텁게 감싸고 있는 이 공기층을 우리는 대기라고 부르지요. 대기권의 존재는 우리 생활에 많은 영향을 끼치고 있어요. 공기가 없어지면, 숨을 쉴 수 없기도 하지만 비나 눈이 오지 않고, 바람도 불지 않게 되지요. 말을 해도 소리가 들리지 않고, 우주에서 날아오는 운석 따위를 모두 그대로 맞고 말지요. 이런 일들이 왜 일어나는지 그 이유를 좀 더 살펴볼까요?

 먼저 공기가 없으면 숨을 쉴 수 없다고 했어요. 우리가 숨을 쉬는 건 공기 중에 있는 산소 덕분이지요. 산소가 없다면 우리는 물론이고, 모든 동물도 살아갈 수 없어요. 비나 눈이 내리는 것도 공기 덕분이에요. 비나 눈은 공기 중의 수증기가 물방울로 변해서 내리는 것이니 공기가 없다면 비나 눈도 없는 거죠. 비나 눈이 내리지 않는다면 식물들도 자라지 못하게 되겠지요. 또 공기가 있어야 바람도 불어요. 바람은 공기가 고기압에서 저기압으로 이동하는 거예요. 공기가 없다면 기압 자체가 없어지고, 바람도 사라지게 되지요.

소리도 공기를 통해 전달돼요. 그래서 공기가 없는 우주에서는 소리를 들을 수가 없어요. 또 공기가 지구를 감싸고 있어서 우주에서 오는 여러 물체들을 막아줘요. 떨어진 운석이 대기권을 통과하는 동안 모두 타버리기 때문이죠. 또 자외선에 피부를 보호해 주고, 포근하게 지구 온도가 유지되도록 한답니다.

이런 공기가 다른 행성에도 있을까요? 태양계 다른 행성은 수소나 이산화탄소, 지독한 냄새가 난다는 암모니아나 메탄가스 등의 기체들로 둘러싸고 있다고 해요. 사람이 전혀 숨을 쉴 수가 없는 거죠. 이것만 봐도 지구는 정말 축복받은 곳이라는 것을 알 수 있어요.

2장
생명의 아름다움을 알려주는 과학

021 인간은 어떻게 움직이는 걸까요?

 세계 최고의 과학자들이 만든 로봇들의 경연대회를 보면 그 움직임이 꽤 자연스러워 놀라지 않을 수 없어요. 위험한 일은 물론이고 춤을 추기도 하지요. 하지만 계단 하나만 잘못 마주쳐도 맥없이 넘어지는 모습도 볼 수 있어요. 아무리 잘 만든 로봇이라도 아직은 움직임이 사람처럼 자연스럽지 않아요.

 사람은 고개를 자유롭게 돌리고 팔을 들어 기지개도 켜요. 걷는 건 물론이고 있는 힘껏 달리기도 하죠. 사람의 움직임은 아무 의식하지 않아도 너무나 자연스럽게 나오지요. 이런 움직임이 가능한 이유는 우리 몸에 뼈와 근육이 있어서예요.

 뼈는 우리 몸의 골격을 유지하고 지탱하는 아주 단단한 물질이에요.

로봇아, 왜 계단을 오르지 못하니.

손으로 만져보면 딱딱한 뼈가 있는 걸 쉽게 알 수 있지요. 뼈는 크게 머리뼈, 척추뼈, 갈비뼈, 팔뼈, 다리뼈 이렇게 5개의 부분으로 나눌 수 있는데, 있는 곳에 따라 하는 일과 모양이 달라져요.

머리뼈는 동그랗고 뇌를 보호하고, 척추뼈는 기다랗고 우리 몸을 지지해요. 갈비뼈는 몸에 둥그렇게 위치해 내장을 보호하고, 팔뼈나 다리뼈는 팔다리가 움직이도록 도와줘요. 사람은 이렇게 머리부터 발끝까지 크고 작은 200여 개의 뼈로 연결되어 있답니다.

뼈에는 근육이 달라붙어 있어요. 그리고 이 근육을 움직이며 뼈도 함께 움직이죠. 쭉 펴진 팔을 한번 오므려보세요. 팔을 오므릴 때 팔 안쪽 근육이 오므라들고 뒤쪽 근육은 늘어나는 게 느껴질 거예요. 이렇듯 근육이 줄어들거나 늘어나며 뼈가 같이 자연스럽게 움직이는 거지요.

022 음식물은 우리 몸에서 어떻게 될까요?

"뭘 먹어도 다 맛있어."

이런 말을 하는 친구는 분명 소화가 잘 되는 친구일 거예요. 많이 먹을 수 있다는 건 그만큼 소화를 잘 시킨다는 얘기니까요.

음식물은 우리 몸으로 들어가고 난 후, 잘게 쪼개지고 분해되어 영양분으로 흡수되죠. 소화는 이렇게 음식물이 우리 몸에 잘 흡수되도록 분해하는 것을 말해요. 그렇다면 음식물이 우리 몸에서 어떤 소화 과정을 거치는지 알아볼까요?

우리는 음식물을 입으로 먹어요. 입으로 들어온 맛있는 음식은 앞니로 자르고 어금니를 이용해 잘게 쪼개요. 혀로 침과 음식을 잘 섞으면서 말이죠. 잘게 쪼개진 음식은 식도를 통해 위로 내려가요.

위는 조몰락조몰락 움직이며 들어오는 음식을 받아요. 위의 크기는 평소에는 사람 주먹 정도이지만 음식물이 들어가면 20배 이상 커질 수 있어요. 음식물이 도착하면 위는 액체를 내보내 더욱 잘게 쪼개고 죽처럼 분해해요.

죽처럼 분해된 음식물은 작은창자로 가요. 여기서 음식물을 완전히 분해해 남아 있는 대부분의 영양분을 흡수해요. 작은창자는 길이가 6~7m나 되는데, 뱃속에 꾸불꾸불하게 가득 차 있어요.

작은창자에서 나오면 이제 큰창자가 일할 시간이에요. 큰창자는 넘어온 음식물에 남아 있는 수분을 흡수해 버리죠. 수분까지 흡수된 찌꺼기는 똥이 되어 항문을 통해 몸 밖으로 배출되지요.

생각보다 소화되는 과정이 복잡하지요? 똥이 나오는 순간, 그 전에 우리 몸속의 많은 소화기관이 여러 일을 했다는 것을 잊으면 안 돼요. 또 이런 소화기관들이 잘 소화하도록 간, 쓸개, 이자가 옆에서 도움을 준답니다.

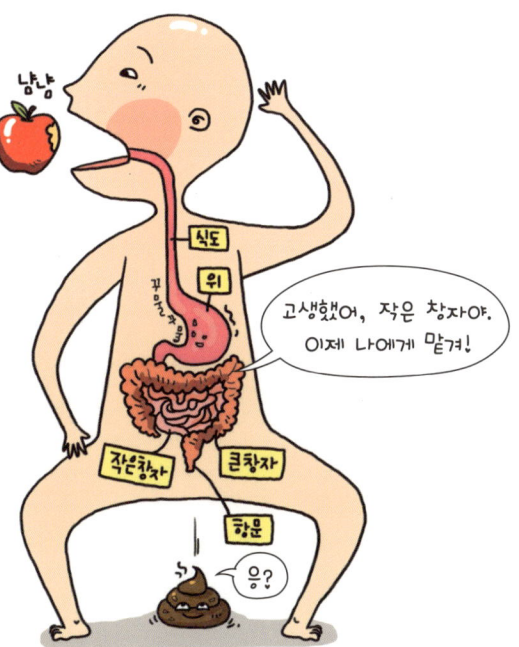

023 호흡은 어떤 과정을 거칠까요?

　상쾌한 아침 창문을 활짝 열고 기지개를 켜며 공기를 마음껏 들이켜 보세요. 맑은 공기가 한껏 밀려와 콧구멍까지 커지며 상쾌함이 느껴지지요. 겨우 숨만 쉬었을 뿐인데, 상쾌함을 느끼는 이유는 무엇일까요?

　사람은 숨을 쉴 때 코를 사용해요. 코로 숨을 들이 마시는 것을 들숨, 다시 내쉬는 것을 날숨이라고 하지요. 지금 숨을 한번 들이마셔 볼까요?

　'흐음.'

　사람은 들숨을 통해 산소를 얻어요. 공기 중에 있는 산소를 들숨일 때 마시는 거예요. 들숨으로 들어온 산소는 코와 연결된 기관, 기관지를 거쳐 폐까지 이동하지요.

　'푸우.'

　이제 숨을 내뱉어 보세요. 이때는 마셨던 공기와 함께 몸속에 있던 이산화탄소가 나가게 되지요. 우리 몸이 일을 하면서

 만들어낸 이산화탄소를 날숨으로 몸 밖으로 빼내는 거예요. 이산화탄소는 산소가 들어온 반대, 즉 폐에서 기관지, 기관을 지나 코를 통해서 몸 밖으로 나가게 되지요. 이처럼 우리 몸에 필요한 산소를 마시고 불필요한 이산화탄소를 내뱉는 과정을 호흡이라고 한답니다.

 우리 몸에는 코, 기관, 기관지, 폐 이렇게 4개의 호흡기관이 있어요. 이 호흡기관을 이용해 숨을 마시며 내쉬게 되지요. 이 과정에서 산소와 이산화탄소가 오고 가는 것이에요. 가만히 코에 손을 대고 있으면 내가 하는 호흡을 느껴볼 수 있답니다.

심장은 매일 무슨 일을 할까요?

'콩닥콩닥.'

좋아하는 사람을 보면 나도 모르게 가슴이 두근두근하지요. 너무 콩닥거려 혹시나 소리가 밖으로 들리지는 않을까 걱정스러울 정도예요. 마치 심장이 속에서 방망이질을 하는 것 같아요. 얼굴은 금방 붉게 달아오르죠. 이쯤 되면 너무 부끄러워 아무 말도 못 하고 쭈뼛쭈뼛하기만 해요.

한 번쯤 이런 경험을 한 적이 있지 않나요? 심장은 이렇게 늘 두근두근 뛰며 일하고 있어요. 손목을 지그시 눌러보면 두근두근 뛰는 심장을 늘 느낄 수 있지요. 우리가 곤하게 자는 밤에도 마찬가지죠. 주먹만 한 크기로 가슴 중앙 편에 위치해서 1분 1초도 쉬는 시간 없이 부지런히 일해요.

심장은 무슨 일을 하기에 이렇게 바쁘게 일하는 걸까요? 가장 중요한 일은 우리 몸에 피를 순환시키는 거예요. 동맥, 정맥, 모세혈관이라는 혈관을 통해 펌프질로 늘 피를 보내주죠.

피는 동맥을 통해 심장에서 나가고, 정맥을 통해 다시 심장으로 들어오는데, 이 동맥과 정맥을 모세혈관이 이어줘요.

 혈관은 엄청 길어요. 우리 몸의 모든 혈관 길이는 총 10만 km라고 하는데, 이는 지구를 두 바퀴 반이나 돌 수 있는 엄청난 길이에요. 심장에서 나온 혈액들이 온몸을 구석구석 돌아다니며 산소를 공급해 주고 있지요.

 만약 심장이 작동하지 않으면 우리 몸은 산소를 얻지 못해 위험해져요. 뇌는 4~6분 동안만 혈액이 공급되지 않아도 치명적인 손상을 입게 되죠. 그래서 사람이 갑자기 심장마비로 쓰러지면 심장을 눌러주는 빠른 응급처치가 필요한 거랍니다.

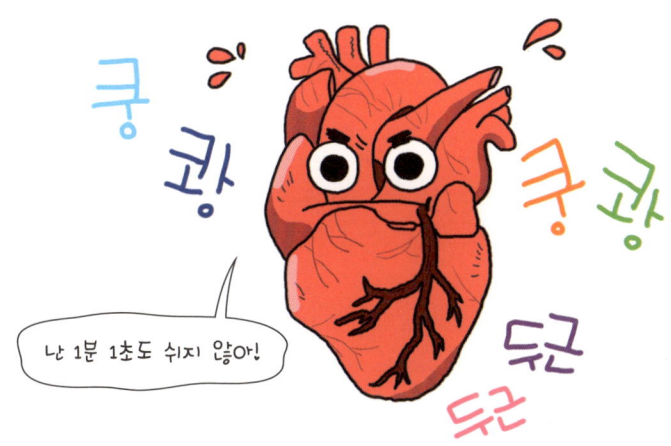

025 몸속은 누가 청소하나요?

집안의 휴지통은 아무리 열심히 비워도 어느새 꽉 차 있어요. 생활하다 보면 쓰레기는 늘 자연스럽게 만들어지죠. 그래서 주기적으로 쓰레기를 버려 집을 깨끗하게 해야 해요. 우리 몸도 마찬가지예요. 몸속에 쌓이는 노폐물을 주기적으로 잘 버려야 하지요.

혈액은 우리 몸속을 쉴 새 없이 누비고 다니며 일을 해요. 그리고 힘들게 일한 만큼 혈액에는 많은 노폐물이 쌓이게 되지요. 이 노폐물을 몸 밖으로 깨끗하게 내보내야 아프지 않고 건강할 수 있어요.

그렇다고 노폐물이 들어 있는 혈액을 통째로 버릴 수는 없어요. 혈액 속에 들어 있는 필요 없는 찌꺼기만 걸러내 버리고, 깨끗해진 혈액은 계속 사용해야 해요. 그릇에 지저분한 음식이 있으면 버리고 깨끗이 씻어 다시 쓰는

노폐물만 골라서 청소하자.

것처럼 말이죠. 이렇게 몸에 필요 없는 노폐물만 골라 내보내는 것을 배설이라 해요.

우리 몸에서 배설을 담당하는 대표적인 기관은 콩팥이에요. 등허리에 강낭콩 모양으로 2개가 있는데 혈액 속에서 만들어진 노폐물을 걸러내 오줌을 만드는 아주 중요한 일을 해요. 콩팥에서 만들어진 오줌은 방광으로 보내지는데, 방광에 오줌이 가득 차면 오줌이 마렵다고 느껴 밖으로 내보내게 하지요. 사람은 평생 욕조 500개를 가득 채울 정도의 오줌을 눈다고 해요.

우리 몸의 배설기관으로는 콩팥 외에도 땀샘이 있어요. 땀샘은 쉽게 말해 노폐물을 땀의 형태로 만들어 분비하는 곳이에요. 땀을 배설하면서 우리는 체온을 유지하게 되죠. 배설은 똥을 싸는 배출과는 달라요. 몸에서 생긴 노폐물을 땀과 오줌으로 내보내는 것은 배설이라고 하고, 소화가 끝난 음식 찌꺼기를 몸 밖으로 내보내는 것은 배출이라고 한답니다.

026 주변에서 일어나는 일을 어떻게 알 수 있을까요?

TV 프로그램에서 출연자가 눈을 가리고 무엇이 들어 있는지 모르는 가려진 상자 속으로 조심스럽게 손을 넣는 장면을 본 적이 있을 거예요.

닿을락 말락 하면서 긴장이 고조되지요. 그러다 생각지도 못하게 축축하고 물컹물컹한 감촉이면 출연자는 깜짝 놀라 손을 빼고 말지요. 이번에는 킁킁대며 한참을 냄새 맡지만 여전히 뭔지는 알 수 없어 답답해하지요.

이처럼 눈으로 보지 않고 손의 감촉이나 냄새로만 무엇인가를 알아맞히는 것은 참 어려워요. 우리는 어떤 정보를 정확히 알기 위해 눈으로 보거나 귀로 듣고 손으로 만져 종합적으로 판단하기 때문이에요. 이런 일을 우리 몸의 감각기관이 하지요. 눈으로 보고(시각), 냄새 맡고(후각), 혀로 맛보고(미각), 귀로 듣고(청각), 피부로 느끼는(촉각) 5개라고 해서 오감이라고 불러요.

 이 5개의 감각기관을 통해 우리 주변에서 일어나는 여러 자극을 느끼지요. 바삭하게 잘 익은 삼겹살 구이가 있다면 눈으로 보고, 냄새를 맡고, 입으로 맛보고, 직접 씹으며 씹는 소리도 들어요. 그러면서 삼겹살 구이가 어떻다고 판단하는 거예요.

 만약 감각기관이 하나라도 없거나 제대로 역할을 못 한다면 정말 불편할 거예요. 그래서 감각기관을 도와주기 위해 여러 물건이 다양하게 사용되지요.

 시력이 나빠지면 안경을 맞추고, 귀가 잘 들리지 않으면 보청기를 사용해요. 또 멀리 있는 곳이나 작은 물체를 크게 보려면 망원경이나 현미경을 이용하죠. 이 모두가 감각기관을 도와 우리가 제대로 자극을 느낄 수 있도록 도와주는 물건들이랍니다.

027 우리는 자극에 어떻게 반응할까요?

'슝! 딱!'

허공을 가르며 날아온 강속구를 타자가 멋지게 밀어냈어요. 딱 소리를 내며 저 멀리 공이 날아가네요.

야구 경기에서 투수와 타자는 서로를 이기기 위해 대결해요. 투수는 타자가 못 치게 공을 던지고, 타자는 투수의 공을 무슨 수를 써서라도 치려고 하죠. 투수가 공을 던지면 타자는 순간적인 판단으로 칠지 말지를 결정해 배트를 휘두르지요. 타자는 어떤 과정을 거치며 배트를 휘두른 걸까요?

우리 몸에는 지금까지 배운 소화, 호흡, 순환, 배설, 감각기관 등 여러 기관과 함께 신경계가 있어요. 신경계는 무언가를 판단하고 명령을 내리는 중추신경계와 여러 가지 전달을 담당하는 말초신경계가 있지요. 중추신경계는 뇌와 척수로 우리 몸의 중추적인 역할을 담당하고, 말초신경계는 중추신경계와 연결되어 온몸에 구석구석 정보를 전달하지요.

 그럼 야구에서 공을 치는 타자를 예로 들어 자극과 반응 과정을 살펴볼게요. 먼저 공이 날아오는 걸 감각기관인 눈으로 보면, 말초신경계가 공에 대한 시각적인 정보를 뇌를 포함한 중추신경계로 전달해요. 전달받은 뇌는 공을 칠지 말지를 판단하죠. 칠지 말지를 정해 명령을 내리면 말초신경계가 팔로 전달하고, 뇌의 명령을 받은 팔은 힘껏 방망이를 휘두르지요.

 "쳤습니다. 아, 파울이네요."

 자극에 따른 반응의 과정을 간단하게 정리하면 다음과 같답니다.

감각기관(자극) → 말초신경계 → 뇌를 포함한 중추신경계 → 말초신경계 → 운동기관(반응)

028 동물은 어떻게 분류할 수 있을까요?

'나는 누구일까요?'
첫 번째, 알에서 태어났습니다.
두 번째, 한때는 물에서 살았습니다.
세 번째, 이제는 땅에서 삽니다.
네 번째, 폴짝폴짝 점프를 잘 합니다.
다섯 번째, 태어나서 어른이 될 때까지
다리 개수가 달라집니다.

정답은 바로 개구리예요. 너무 쉬웠나요? 첫 번째와 두 번째만 보면 물고기라고 생각할 수 있지만 힌트를 들어보면 개구리인지 바로 알 수 있어요. 개구리는 물속

 알에서 태어나 올챙이 때까지 물에서 자라지만 다 자라 개구리가 되어서는 물 밖에 나와 생활해요.

 이렇게 동물들은 사는 곳에 따라 분류할 수 있어요. 사는 곳은 크게 물속과 땅 위 그리고 하늘로 구분되죠. 여기에서는 등뼈가 있는 척추동물을 중심으로 크게 분류해 보기로 해요.

 물에서 사는 동물은 어류라고 해요. 우리가 흔히 물고기라고 부르는 붕어, 잉어, 상어 같은 동물이죠. 강이나 하천은 물론 바다에 수많은 어류가 살고 있어요. 땅 위에는 동물의 종류가 더 많고 다양해요. 사람, 개, 고양이, 사자 같은 포유류부터 개구리, 도롱뇽, 두꺼비 같은 양서류와 뱀, 거북이 같은 파충류까지 있어요. 그리고 하늘을 나는 새들은 조류라고 불러요.

 이처럼 동물들은 특징에 따라 분류되고, 이들은 자연 속에서 조화롭게 살아가고 있어요. 또한 이런 척추동물 이외에도 문어, 달팽이, 조개, 지렁이 같은 등뼈가 없는 무척추동물도 많이 있답니다.

029 동물의 암수가 궁금하다고요?

사춘기가 되면 외모에 많은 관심이 생기게 되죠. 더 예뻐지고 싶고 더 멋있어지고 싶어져요. 그리고 우리 몸도 남녀의 특징에 맞게 변화가 생기지요. 그전에는 잘 몰랐지만 몸의 변화가 일어나 남자와 여자를 더 잘 구별할 수 있게 되지요.

동물들은 어떨까요? 암컷과 수컷을 쉽게 구별할 수 있을까요? 잘 구별할 수 있는 것도 있고 없는 것도 있어요. 동물마다 다르죠.

먼저 암수를 쉽게 구별할 수 있는 동물로는 사자가 있어요. 사자는 암수의 특징이 너무나 분명해 그냥 봐도 쉽게 알 수 있어요. 수컷은 갈기가 있고 암컷은 갈기가 없어요. 수컷 사자에 난 멋진 갈기로 동물의 왕 같은 풍모를 풍기지요. 사슴은 커다

란 뿔이 있으면 수
컷, 없으면 암컷이에요. 수컷 꿩은 매우
화려하지만, 암컷 꿩은 수수해요. 닭도 벼슬이 있으
면 수컷, 없으면 암컷이에요.

 하지만 암수를 구별하기 쉽지 않은 동물들이 훨씬 많아요. 사람들이 좋아하는 강아지나 토끼, 햄스터, 고양이 등 대부분의 동물은 겉모습만 보고는 암수를 구별하기가 어려워요.

 이런 암수는 짝짓기를 통해 자손을 낳고 번식해요. 알이나 새끼를 낳는 것은 모두 암컷이지만 그 후에는 자신들만의 방법으로 새끼를 키우죠.

 곰, 뱀, 바다코끼리는 암컷이 새끼를 돌보지만 많은 물고기는 수컷이 알을 지켜요. 암컷 물고기는 알을 낳을 때 에너지를 다 써 버리기 때문이에요. 또 제비, 황제펭귄 같은 동물은 암컷과 수컷이 사이좋게 새끼를 돌보지만 거북이, 개구리 같은 동물은 알을 낳은 후 새끼를 돌보지 않아요. 거북이는 바닷가에 알을 낳고 암컷과 수컷이 떠나 버린답니다.

030 모기를 잡기 위해 왜 물웅덩이를 소독할까요?

나도 모르는 순간 어깨 쪽이 빨갛게 부어오르면 금방 가려워져 어느새 손으로 박박 긁고 있지요. '앵' 하고 귓가를 간질이는 모깃소리가 들리면 그날 밤은 잠을 설치기 일쑤예요. 정말이지 여름철 모기는 우리를 너무 피곤하게 하죠. 사람을 물어 피를 빠는 건 암컷 모기만이에요. 암컷 모기가 피를 빠는 이유는 알을 낳는데 영양분이 필요해서이기 때문이에요.

모기가 많아지고 기승을 부리면 사람들은 물웅덩이 소독을 자주 하죠. 날아다니는 모기를 잡는데 왜 물웅덩이를 소독하는 걸까요? 이것은 모기가 사는 생활방식과 관련이 있어요. 모기는 알을 물웅덩이에 낳아요. 암컷 모기 한 마리가 한 번에 100~200여 개의 알을 낳는다고 하니, 물웅덩이에 있는 알의 개수가 엄청나지 않을까요?

알에서 깨어난 벌레는 물에서 생활하다 번데기가 되고 어른 모기가 되어 물 밖으로 나와요. 이것을 모기의 한살이라고 하

지요.

  태어나서 죽을 때까지의 생애를 뜻하는 곤충의 한살이에는 두 가지 종류가 있어요. 모기처럼 알에서 태어나 애벌레가 되고 번데기를 거쳐 어른 곤충이 되는 완전탈바꿈과 번데기를 거치지 않고 애벌레에서 바로 어른 곤충으로 탈바꿈하는 불완전탈바꿈이에요. 탈바꿈할 때 알이나 애벌레는 어른 곤충과 닮지 않아서, 애벌레만 봐서는 어떤 곤충의 새끼인지 알아내는 게 쉽지는 않아요.

  모기를 잡기 위해 여름철에 물웅덩이를 소독하는 이유를 이제 알겠나요? 날아다니는 수백 마리의 어른 모기를 잡는 것보다 물웅덩이에 있는 수백 개의 알을 잡기가 훨씬 쉽고 효과적인 방법이기 때문이랍니다.

031 동물의 한살이에 대해 알아볼까요?

'가장 귀여운 새끼 찾기 대회'
기호 1번, 눈도 못 뜬 갓 태어난 꼬물꼬물 강아지
기호 2번, 어미 품에 파고든 토실토실 아기 돼지
기호 3번, 천진난만하게 장난치는 아기 사자

이 외에도 고양이, 햄스터, 토끼 등 많은 동물이 순서를 기다리고 있어요. 여러분은 이 중 어떤 동물이 가장 귀엽나요?

누가 1등이라 할 수 없을 만큼 모두 귀여운 새끼 동물들이네요. 사자, 호랑이 같은 무서운 맹수에서부터 개나 고양이 같은

애완동물 할 것 없이 막 태어난 동물의 새끼는 정말 귀엽죠. 이처럼 새끼를 낳는 동물은 참 많아요.

그렇다고 모든 동물이 새끼를 낳는 것은 아니에요. 알을 낳는 동물도 많이 있죠. 물고기, 개구리, 뱀, 새는 알을 낳아요. 물고기나 개구리는 물에 많은 양의 알을 낳고, 뱀이나 새는 자기 둥지에 몇 개씩 알을 낳아요. 알맞은 환경이 되고 시간이 지나면, 알을 깨고 새끼가 나오지요.

모든 동물은 이처럼 알이나 새끼를 낳지만, 살모사나 가오리, 거피처럼 뱃속에서는 알이었다가 새끼가 되어 어미 몸 밖으로 나오는 특별한 경우도 있어요.

동물이 낳은 새끼들은 곤충과 다르게 어미와 많이 닮아 있어요. 강아지를 보면 개가 떠오르고 송아지를 보면 소가 생각나듯이 새끼와 어미가 닮았고 잘 연결되지요.

이렇게 동물이 알이나 새끼로 태어나 자라고 어른이 되는 과정을 동물의 한살이라고 한답니다.

낙타 등에 혹이 있는 이유는 무엇일까요?

낙타는 사막에 가면 볼 수 있는 대표적인 동물이에요. 사람들은 낙타를 이용해 더운 사막을 여행하죠. 낙타는 사람을 등에 태우고 이리저리 다닐 수 있어요. 그렇게 사막을 다니는 게 별로 힘들지 않은 것 같아요. 낙타는 어떻게 사막에서 잘 지낼 수 있을까요?

사막은 매우 더운 곳이에요. 강한 햇볕이 내리쬐고 물이 매우 귀해요. 또 모래로 가득 차 있고 먹을 게 별로 없죠. 낮과 밤의 기온 차이가 크고 거센 모래바람이 불기도 해요. 낙타는 이곳에서 살기 위해 적응해야 했어요.

이런 환경에 적응하려면 특별한 게 필요했어요. 그래서 나타난 게 바로 낙타 등의 혹이에요. 이 혹에는 지방이 들어 있어요. 물과 먹이가 부족할 때 이 지방을 에너지로 사용하지요. 또 낙타는 콧구멍을 쉽게 여닫을 수 있고 귀에는 털이 많아요. 그래서 콧구멍이나 귀로 모래가 들어가는 것을 막을 수 있어

요. 또 눈썹이 매우 길어서 강한 햇빛과 바람으로부터 눈을 보호하지요. 입술이 두껍고 고무같이 질겨 선인장 같은 가시가 있는 식물을 잘 먹을 수 있어요. 발은 넓고 다리도 길어서 모래에 잘 빠지지 않고 땅에서 올라오는 뜨거운 열기를 피할 수도 있죠.

이처럼 동물은 주위의 환경에 적응하며 살게 돼요. 더운 사막에서 사는 여우와 추운 북극에서 사는 여우가 서로 생김새가 달라지는 것도 같은 이유지요. 뜨거운 더위에 적응하기 위해 사막여우는 큰 귀, 작은 몸에 털이 얇고 노랗지만, 추운 북극에 사는 여우는 귀가 작고 털이 하얗고 풍성해요. 북극에 사는 북극곰은 다른 곰들보다 수영을 매우 잘하죠. 모두 환경에 적응하며 살아가는 동물들의 모습이에요.

033 식물의 뿌리와 줄기는 무슨 일을 하나요?

식물의 종류는 정말 셀 수 없을 정도로 다양해요. 나무마다 겉모습도 다르고 생김새도 각양각색이죠. 하지만 모든 식물은 공통된 구조를 가지고 있어요. 바로 뿌리, 줄기, 잎, 꽃과 열매로 나뉘죠. 이 중 식물의 뿌리와 줄기에 대해 먼저 알아볼까 해요.

식물의 뿌리는 정말 중요해요. 그래서인지 세계 여러 나라에 뿌리와 관련된 속담도 많죠.

'뿌리가 깊으면 바람을 두려워할 필요가 없다.'

'뿌리 깊은 나무 가뭄을 안 탄다.'

'어른이 없는 마을은 뿌리 없는 나무와 같다.'

이처럼 많은 나라에 뿌리와 관련된 속담이 있는 건 그만큼 뿌리가 중요하다는 걸 알기 때문이에요. 속담에 나온 것처럼 뿌리는 식물이 쓰러지지 않도록 지지하고 물을 흡수해요. 뿌리가 없다면 식물은 작은 힘에도 쓰러지고 물을 먹지 못해 금

방 말라 죽고 말 거예요. 또 뿌리는 잎에서 만든 양분을 저장하기도 해요. 우리가 먹는 무, 당근, 고구마는 양분을 뿌리에 저장한 식물들이에요.

  그럼 줄기는 어떤 역할을 할까요? 줄기는 식물이 반듯하게 서 있도록 도와줘요. 또 뿌리에서 흡수한 물이 올라가는 통로 역할을 하지요. 식물의 줄기를 따라서 살펴보면 물이 올라가는 길(물관)을 볼 수 있어요. 줄기가 있어야 물이 잎까지 잘 전해질 수 있지요. 또한 다양한 겉모습의 껍질로 싸여 있어 외부의 침입자, 추위나 더위로부터 식물을 보호해 준답니다.

  식물에게 뿌리와 줄기는 없어서는 안 되는 중요한 부분이에요. 식물에는 이 외에도 잎과 꽃 그리고 열매 부분이 있어요.

034 식물은 무얼 먹고 사나요?

침팬지 하루 식사량

고구마 3개, 당근 2개, 양배추 1/4통, 배추 1/4통, 상추 조금, 양파 1개 반, 셀러리 3대, 사과 5개, 바나나 5개, 귤 6개, 감 2개, 식빵 7장, 건빵 0.4kg

어디선가 소개된 침팬지가 하루에 먹는 식사량이에요. 엄청 많이 먹지요? 동물은 살기 위해서 이렇게 양분을 먹어야만 해요. 그럼 식물들은 어떨까요? 누가 음식을 주는 것도 아닌데 살아갈 수 있는 비밀은 무엇일까요?

식물은 물과 햇빛을 이용해 스스로 양분을 만들 수 있어요. 뿌리로 흡수된 물은 줄기를 통해서 잎까지 이동하지요. 잎은 이 물과 햇볕 그리고 공기 중의 이산화탄소를 이용해 스스로 양분과 산소를 만들어요. 이런 작용을 광합성이라고 해요. 식물이 처음 만드는 양분은 포도당으로, 여러 영양분으로 쪼개져 식물 전체에 구석구석 전해져요.

 이렇게 광합성 작용을 하고 나서 남은 물은 잎을 통해 밖으로 나가게 돼요. 잎 뒤를 보면 조그만 구멍들이 있는데, 이 구멍을 통해 공기 중으로 빠져나가는 거지요. 잎이 있는 식물에 봉지를 씌우고 가만히 두면 한참 뒤에 물방울들이 맺혀 있는 것을 볼 수 있어요. 이것을 증산작용이라고 해요.

 증산작용으로 식물이 배출하는 물의 양은 생각보다 엄청나요. 넓이가 $10m^2$인 잔디밭에서 나오는 물의 양은 1년에 55톤 정도라고 해요. 1리터짜리 페트병 5만 5천 개를 가득 채울 수 있는 양이죠.

 광합성으로 양분과 산소를 만들고 증산작용으로 물을 배출하는 식물의 활동 덕에 동물들이 살아갈 수 있답니다.

035 꽃은 어떤 구조로 되어 있을까요?

　우리는 누군가에게 마음을 표현할 때 꽃을 주지요. 백 송이 꽃이 한 묶음으로 묶인 모습도 아름답지만, 딱 한 송이가 소박하게 전해 주는 마음도 그에 못지않게 아름답지요.

　친구들도 좋아하는 누군가에게 꽃을 받거나 준 적이 있나요? 내가 좋아하는 아이가 고백하며 나에게 꽃을 준다면 생각만 해도 너무 떨리겠네요. 이처럼 많은 이의 마음을 설레게 하는 아름다운 꽃들은 어떤 구조로 되어 있을까요?

　꽃을 자세히 살펴보면 여러 겹의 꽃잎으로 이루어져 있어요. 그리고 그 아래에는 초록색의 꽃받침이 있지요. 코스모스, 튤립, 국화, 장미 등 꽃잎의 모양과 개수는 꽃마다 모두 달라요.

꽃잎 안쪽을 살펴보면, 기다란 손 같은 것들이 여러 개 쭉 뻗어 올라와 있어요. 이것은 암술과 수술이라고 불러요. 대부분의 꽃이 커다란 1개의 암술과 주변에 여러 개의 작은 수술이 있는데, 수술의 꽃가루가 암술 속으로 들어가 씨가 만들어지지요. 이렇게 꽃가루가 옮겨져서 식물이 번식을 할 수 있어요.
　그런데 식물은 스스로 움직일 수 없는데 꽃가루는 어떻게 옮겨질까요? 꽃가루의 이동은 주변의 동물이나 환경의 도움을 받아야 해요. 보통 꽃가루를 옮기는 역할은 곤충이 맡아주지요. 따뜻한 봄에 벌과 나비가 다리에 꽃가루를 묻히고 이 꽃 저 꽃을 다니며 꽃가루를 옮겨 주지요. 또 바람이 불면서 꽃가루가 날아가기도 해요. 동백나무처럼 새가 꽃가루를 옮겨 주는 꽃들도 있답니다.

036 과일은 어떻게 만들어질까요?

알알이 잘 익은 새콤달콤한 포도, 주근깨처럼 씨가 촘촘한 달콤한 딸기, 한여름에 먹는 시원한 수박, 한입에 쏙 들어가는 방울토마토…. 계절마다 쏟아지는 제철 과일들은 달콤하고 맛있어 저절로 입에 군침이 돌게 하지요. 이런 과일은 어떻게 만들어질까요?

수술에 있던 꽃가루가 암술 속으로 들어가서 씨가 만들어진다고 했어요. 이 씨는 시간이 지나면서 점점 자라게 되지요. 그런데 씨만 자라는 것이 아니라 씨 주변의 공간에 양분도 쌓이며 커져요. 처음엔 아주 작았는데, 점점 커지죠. 시간이 흘러 충분히 커져 잘 익으면 우리가 아는 열매가 된답니다.

이렇게 자란 씨와 열매는 우리 생활에서 다양하게 이용돼요. 가장 먼저 생각나는 것은 역시 맛있는 음식이네요. 우리가 밥으로 만들어 먹는 쌀이나 보리, 빵 만드는 데 쓰는 밀, 메주나 장, 두부를 만드는 콩 등이 모두 씨랍니다. 수박, 딸기, 사과,

　배 등 여러 과일들은 열매지요. 이처럼 우리는 식물의 씨나 열매를 음식으로 먹을 때가 많아요.

　또 약재로도 많이 사용되지요. 식물의 씨나 열매는 한약재로 많이 사용되는데 오줌싸개 친구들에게 특효약인 산수유 열매나 눈 건강에 좋은 결명자차가 있어요. 또 옥수수나 해바라기씨, 포도씨 같이 기름으로 사용하는 씨도 있지요.

　이런 씨와 열매는 의류에도 이용되어요. 우리가 입는 면 옷은 목화씨에서 만들어진 것이에요. 또 치자나무 열매나 석류를 이용해 예쁘게 염색을 할 수도 있답니다. 그렇다면 세계에서 가장 커다란 열매는 무엇일까요? 겹야자나무 열매로 1개가 20kg이나 된다고 해요.

037 씨는 어떻게 퍼져 나가는 걸까요?

식물은 번식하기 위해 씨앗을 맺고 퍼뜨려야 해요. 하지만 스스로 움직일 수 없어 늘 누군가의 도움을 받아야 하죠. 씨앗은 어떻게 퍼뜨려져서 자라는 걸까요?

우선 바람에 날려 퍼뜨려지는 씨가 있어요. 민들레 씨나 단풍나무의 씨가 대표적이죠. 민들레 씨는 솜털처럼 가볍고 단풍나무 씨는 날개가 있어 빙글빙글 잘 날아가요. 봄이 되면 솜털처럼 생긴 민들레 씨가 날리는 모습을 많이 볼 수 있어요.

또 도깨비바늘처럼 동물의 털이나 사람 몸에 옮겨붙어 퍼지는 경우도 있어요. 산에 갔다 오면 옷에 여러 씨앗이 붙어 있는 걸 본 적이 있을 거예요.

복숭아나 수박, 도토리 같은 것은 동물이나 새에게 먹혀 똥으로 나와서 퍼지기도 해요. 딱딱한 씨는 소화가 되지 않고 똥과 함께 그대로 나오기 때문이에요. 연꽃이나 수련처럼 물에 사는 식물은 씨가 물에 떠서 옮겨지기도 해요.

 이렇게 옮겨진 씨는 땅에 떨어져 흙 속으로 들어가 그곳에서 새로운 생명을 다시 시작하지요. 따뜻한 온도의 흙 속에서 클 준비를 한 씨는 식물이 처음으로 잎을 내는 떡잎으로 싹을 틔워요. 떡잎이 나온 후 물을 먹고 햇빛을 받으며 쑥쑥 커지죠. 잎과 줄기의 개수는 많아지고 굵어지며, 무럭무럭 자라 꽃을 피우고 열매를 맺게 될 거예요. 그 열매 안에는 씨앗이 들어 있고, 그 씨앗은 다시 퍼뜨려지고 땅에 떨어져 자라게 되겠죠.
 이런 과정을 식물의 한살이라고 한답니다.

038 다양한 환경에서 자라는 식물을 알아볼까요?

소나무, 강아지풀, 부레옥잠, 토끼풀, 국화, 장미 등이 모여서 즐겁게 이야기를 하고 있었어요. 그런데 소나무가 깜짝 놀라며 큰 소리로 외쳤어요.

"부레옥잠! 여긴 들인데 물에 사는 네가 왜 와 있어?"

"땅 위에 사는 너희 모습이 보고 싶어서 왔지."

"안 돼. 넌 연못에서 살기 적합한 모습이라 들에서는 금방 죽게 될 거야. 빨리 돌아가!"

들이나 산에 가보면 많은 종류의 풀과 나무가 자라고 있어요. 흔히 보는 강아지풀이나 토끼풀부터 셀 수 없을 만큼 많은 이름 없는 풀과 소나무, 밤나무, 떡갈나무 등 나무의 종류도 무척 많아요. 풀들은 대부분 키가 작고 여리며 1년씩 살고 죽지만 나무는 줄기가 딱딱하고 꾸준히 자라며 여러 해를 살아요.

물에서는 어떤 식물이 살까요? 물을 좋아하는 식물로는 개구리밥이나 부레옥잠처럼 뿌리째 물에 떠 있는 것과 물수세미, 나사말처럼 물속에 잠겨 사는 것이 있어요. 수련이나 마름처럼 물 위에 잎이 떠 있기도 하고 창포나 부들처럼 잎이 물 위로 높게 자라기도 해요. 이처럼 식물들은 산과 들과 연못 등에서 다양하게 살아가고 있어요.

  식물은 기후에 따라서 종류나 생김새가 달라져요. 추운 지방에서 잘 사는 소나무, 전나무 같은 나무는 잎이 뾰족하지만, 더운 지방에서 사는 나무는 잎이 넓고 커다랗죠. 또 물이 부족한 사막에 사는 식물은 선인장처럼 잎이 가시 모양이거나 몸통에 물을 담고 있답니다.

039 동물도 아니고 식물도 아니라고요?

　지구상에 살아 있는 생물은 대체로 동물과 식물로 나눌 수 있어요. 그런데 분명 동물이나 식물의 특징을 가지고 있지만 그렇다고 동식물로 구분할 수 없는 애매한 생물들이 있죠.

　먼저 버섯과 곰팡이가 있어요. 버섯은 요리에 많이 사용되고, 특히 고기를 구워 먹을 때 같이 구워 먹기도 하지요. 예전에는 버섯을 식물이라고 했는데, 지금은 식물로 분류하지 않아요. 식물은 스스로 양분을 만들어내는데, 버섯은 그렇지 못하고 뿌리, 줄기, 잎 등으로 이루어지지 않았기 때문이지요.

　곰팡이도 버섯과 비슷해요. 음식 같은 영양분에 붙어 자라는 곰팡이는 더운 여

버섯, 넌 정체가 뭐야?

름날이면 더 쉽게 볼 수 있어요. 아침에는 조금 있었던 것 같은데, 몇 시간만 지나면 금방 늘어나 순식간에 번식하지요. 나무가 잎사귀를 펼치며 자라는 것처럼 말이죠. 하지만 곰팡이를 식물이라고 하지는 않아요. 그렇다고 동물이라고 하지도 않지요.

버섯과 곰팡이는 다양한 생물 중 균류라고 해요. 이런 균류는 식물처럼 스스로 광합성을 하지 못하고, 동물처럼 다른 영양분을 흡수해야만 살아갈 수 있어요. 자신이 좋아하는 여러 먹거리에 붙어서 이를 분해하고 흡수해서 양분을 얻으며 자라요. 그래서 산에 가면 죽은 나무에서 버섯이 자라고 곳곳에 곰팡이가 핀 것을 볼 수 있는 거예요.

버섯이나 곰팡이는 둘 다 현미경으로 크게 보면 몸 전체가 가느다란 실 같은 것으로 연결되어 있어요. 또 햇빛을 별로 좋아하지 않고 축축하지만 따뜻한 환경에서 잘 자란다는 공통점이 있지요.

040 실처럼 생긴 게 생물이라고요?

"어 저게 뭐야?"

물웅덩이에 초록색 실 모양이 잔뜩 엉켜 있어요. 누가 실을 풀어 놓고 간 걸까요? 하지만 물에 실을 풀고 놓고 가는 건 너무 이상하지요. 그렇다면 풀이 자란 걸까요? 자세히 보니 뿌리도 없고 잎도 없어요. 그냥 진짜 실 같아요. 도대체 뭘까요?

더운 여름 연못이나 고인 물에 가면 볼 수 있는 해캄이라는 생물이에요. 마치 가느다란 실처럼 생겨서 녹색 덩어리로 뭉

처 있는데 물을 초록색으로 보이게 하지요. 해캄은 식물처럼 광합성을 하지만 뿌리, 줄기, 잎, 꽃과 같은 구조를 가지지 않아서 식물로 분류되지는 않아요. 아주 빠르게 번식하는 단순한 생물일 뿐이죠.

그런 해캄 옆에는 아주 조그만 또 다른 생물이 있어요. 짚신 같은 모습으로 물에서 재빠르게 움직이지요. 짚신 모양을 닮았다고 해서 짚신벌레라고 불려요.

짚신벌레는 운동을 잘하고 먹이를 먹어요. 그렇지만 동물처럼 숨을 쉬거나 소화를 하고 배설하는 기관이 없어요. 매우 단순한 세포 하나로만 이루어져 있지요. 그래서 동물로 분류되지 않아요. 그저 짚신벌레라 불리는 단순한 생물이랍니다.

해캄과 짚신벌레처럼 대부분 1개의 세포로 구성된 핵이 있는 원초적인 생물을 원생생물이라고 해요. 이들은 식물과 동물과는 다르게 매우 단순한 구조로 되어 있어요. 주변에서 볼 수 있는 또 다른 원생생물로는 장구말, 아메바, 유글레나 등이 있답니다.

041 작다고 무시하면 큰코다칠걸요?

지구상에 가장 많은 생물은 무엇일까요? 벌판에 무수한 풀도 아니고 셀 수도 없이 떼 지어 다니는 개미도 아니에요.

바로 엄마가 자주 하는 잔소리 속에 등장하는 '세균'이랍니다. "손 씻어라. 손에 세균이 얼마나 많은데…." 밥 먹기 전이면 엄마의 폭풍 잔소리가 쏟아지죠. 보이지도 않는 세균을 왜 그렇게 걱정하는 걸까요?

세균은 어디서나 쉽게 만날 수 있는 아주 작은 생물이에요. 교실에도 있고 화장실에 가도 있고 여기저기 공기 중에 떠다니기도 해요. 방 손잡이에 붙어 있기도 하고, 우리 손에는 물론이고 입속에도 있지요. 이처럼 세균이 많은 이유는 쉽게 번식하기 때문이에요. 손에 세균이 묻어 있으면 손이 닿는 여러 부위에도 세균이 옮아가 번식하지요.

세균은 아주 작아서 보려면 현미경을 사용해야 해요. 현미경으로 보면 길쭉한 모양, 둥근 공 모양 등 단순한 모양의 세균들을 볼 수 있지요. 하지만 단순하다고 얕잡아보면 절대 안 돼요. 아무리 작아도 세균이 우리에게 주는 영향은 크기 때문이죠. 세균에 감염되면 심각한 병에 걸리기도 하고, 여러 질병을 일으킬 수 있어요. 그렇다고 모든 세균이 무조건 해만 끼치는 것은 아니에요. 우리 몸에 있는 세균은 다른 나쁜 세균의 침입을 막아주기도 한답니다.

세균도 동물이나 식물이 아닌 다양한 생물 중 하나예요. 세균은 1개의 세포이면서 핵이 없는 생물을 뜻하는 원핵생물이라고 한답니다.

042 세포에 대해 궁금하다고요?

무게 1.5kg, 세로 길이 16cm, 달걀 25개의 분량,
성인 10명이 먹을 수 있는 양.

그냥 보기에도 꽤 크다는 게 느껴지지요? 무엇을 나타내는 것일까요? 지구상에서 가장 큰 세포의 크기라고 해요. '세포가 이렇게 클 수도 있다고?' 깜짝 놀란 친구들의 모습이 보이네요. 하지만 너무 놀랄 필요는 없어요. 사실 이 숫자는 타조알을 나타낸 거예요. 알은 하나의 세포이기 때문에 알 중에 가장 큰 타조알이 지구상에서 가장 큰 세포가 되는 거랍니다.

생물마다 차이는 있지만 이런 알 종류를 빼면 보통의 세포는 사실 아주 작아요. 왜냐하면 세포는 생명체를 이루는 최소한의 작은 단위이기 때문이죠. 수많은 세포가 모여 생물을 이루죠. 사람을 예로 들면 세포의 크기는 0.01mm 정도이고, 그 개수는 60조 개라고 해요. 상상할 수 없을 만큼 엄청나게 많

은 것이죠.

 세포는 작아서 맨눈으로는 살펴보기 힘들어요. 그래서 현미경으로 확대해서 관찰해야만 하죠. 세포를 맨 처음 발견한 사람은 로버트 훅이라는 과학자인데, 300여 년 전 현미경으로 알아냈다고 해요. 그럼 현미경으로 본 세포의 모습은 어떤 모습일까요?

 세포는 크게 핵과 세포막, 세포벽으로 이루어져 있어요. 식물은 세포벽이 있지만 동물은 세포벽이 없지요. 이런 세포는 자신의 수명이 있어 일정한 기간이 지나면 죽게 되고, 계속 새로운 세포가 생겨난답니다.

곰팡이도 좋은 일을 한다고요?

　음식물 위로 하얗고 퍼렇게 우후죽순처럼 피어난 곰팡이를 보고 질겁하지 않을 사람은 많지 않을 거예요. 하지만 과학이 발달하면서 곰팡이에 관한 연구를 계속해 이런 곰팡이를 인류를 위한 의약품으로 개발하게 되었어요. 푸른곰팡이가 세균을 억제한다는 것을 알아내 페니실린을 개발해 수많은 인류를 살릴 수 있었던 거죠.

　이 밖에도 과학자들은 첨단 생명과학을 통해 곰팡이나 세균 등 다양한 생물을 생활에 이롭게 활용하기 시작했어요. 어떤 것들이 있는지 좀 더 살펴볼까요?

　세균과 곰팡이를 이용해 환경을 오염시키지 않는 생물농약을 개발했어요. 식물을 갉아먹고 병을 유발하는 해충만을 대

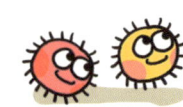

상으로 하는 농약이에요. 기존의 농약과는 달리 화학적인 성분이 아니기 때문에 환경에는 해를 끼치지 않는다고 해요.

또 세균을 이용해서 오염물질을 작게 분해해 물을 깨끗하게 하기도 하고, 토양에 해를 주지 않는 썩는 플라스틱을 만들어 내기도 했어요. 스키장에서 인공눈을 만들 때도 박테리아에서 추출한 단백질을 섞으면 아주 좋은 품질의 눈이 만들어진다고 해요.

알려지지 않았던 세균의 이로운 점들도 많이 찾아냈죠. 유제품 속에 들어 있는 유산균은 장 건강에 도움을 준다는 것과 우리가 즐겨 먹는 된장이나 간장은 효모균이 만들어낸다는 것도 알게 됐어요.

요즘에는 해캄 같은 생물의 특성을 활용하여 친환경 자동차 연료로 활용하는 기술이 개발되고 있다고 해요. 이처럼 다양한 생물을 활용하여 사람들에게 많은 유익을 주는 첨단생명과학 연구가 활발해지고 있어요.

044 현미경으로는 다른 세상이 보인다고요?

눈앞에 형형색색의 환상적인 아름다운 색채가 펼쳐져요. 꽃이 활짝 피어난 것 같기도 하고 아름다운 패턴이 반복되기도 하네요. 너무 아름다운 모습에 탄성이 절로 나오지요. 무슨 그림일지 상상이 되나요?

바로 현미경으로 바라본 작은 세상의 모습이에요. 현미경을 이용하면 세포나 작은 생물처럼 눈으로 볼 수 없는 것을 자세히 관찰할 수 있어요.

현미경은 초점 거리가 짧은 2개의 볼록렌즈로 물체를 두 번 확대해 관찰이 가능하도록 만든 기구예요. 과학자들은 현미경을 사용하게 되면서, 그동안 몰랐던 신비로운 생물의 세계를 새롭게 알게 되었지요. 흔히 접할 수 있는 광학현미경으로는 무려 2,000배까지 확대해서 볼 수 있어요.

그럼 현미경의 대략적인 구조를 살펴볼게요. 현미경은 렌즈가 크게 두 군데로 나누어져요. 사람이 보는 접안렌즈와 사물

을 비추는 대물렌즈예요. 그리고 이 렌즈 사이의 초점을 맞출 수 있는 조동나사와 미동나사가 2개 있어요. 그리고 빛의 양을 조절하는 조리개와 관찰대상을 올려놓는 재물대가 있지요.

 현미경을 사용하는 방법은 어렵지 않아요.

 먼저, 가장 배율이 낮은 대물렌즈가 중앙에 오도록 맞추어요. 그리고 나서 전원을 켠 후 조리개로 빛의 양을 조절해요. 살펴보려는 표본을 재물대에 올리고 조동나사로 물체가 대물렌즈에 보이도록 조절해요. 그리고 미동나사로 물체가 뚜렷하게 보이게 초점을 맞추고 관찰해요. 관찰이 끝나면 미동나사를 조절해 더 높은 배율의 대물렌즈로도 볼 수 있답니다.

045 지구가 하나의 생태계라고요?

바위 말도 마. 나를 발로 차고, 더럽게 내 주변에 쓰레기 같은 것도 막 숨겨 놓는다고!

흙 그렇게 많은 걸 나한테서 얻어가면서도 지금까지 나에게 고맙다고 하는 친구를 한 명도 못 봤어.

공기 온통 매캐한 연기 때문에 눈 뜨기도 힘들어. 그런데 자기들이 오염시키고 놓고 나를 욕해.

물 나도 점점 숨쉬기가 어려워지고 있어.

바위 우리가 살아 있지 않다고 너무 함부로 대하는 것 같아. 살아 있는 생물들은 우리가 없으면 아무것도 할 수 없으면서 말이야. 우리가 얼마나 소중한지 정말 모르나 봐.

바위, 흙, 공기, 물이 잔뜩 화가 났네요. 살아 있는 생물들이 자신들을 함부로 대해서 그런가 봐요. 자연에는 살아 있는 것도 많지만 살아 있지 않은 것도 많아요. 사람, 새, 풀, 나무처럼 살아 있는 것을 생물이라 하고, 바위, 물, 공기, 바람, 흙처럼 살아 있지 않은 것을 비생물이라고 하지요.

자연은 생물적 요소와 비생물적 요소가 함께 어우러져 있어요. 흙 속에 나무와 풀이 뿌리를 내리고, 개울에는 돌멩이도 있지만 물풀도 자라고 물고기들도 마음껏 헤엄 치고 다니죠. 이처럼 생물적 요소와 비생물적 요소가 서로 영향을 주고받으며 살아가는 것을 생태계라고 불러요.

지구는 그 자체로 거대한 생태계예요. 이 거대한 생태계 속에 작은 생태계들이 수없이 많이 연결되어 존재하고 있어요. 서로 연결된 작은 생태계들이 건강해야 지구라는 거대한 생태계도 건강할 수 있는 거랍니다.

046 생산자와 소비자는 무엇일까요?

"나도 식물처럼 햇빛 많이 받아서 키 커야지."

짱이는 두 팔을 벌리고 햇볕이 내리쬐는 마당에 서 있어요. 아빠가 옆에서 한마디 하네요.

"네가 나무니? 넌 밥을 먹어야 크지. 편식이나 하지 말라고!"

"그래서 오늘부터 나무가 되기로 했어요."

친구들도 잘 알다시피 사람과 나무는 양분을 얻는 방법이 달라요. 사람은 햇빛을 아무리 받더라도 양분을 만들 수 없어요. 얼굴이 까맣게 탈 뿐이죠. 양분을 얻으려면 고기, 채소, 밥 등

풀 많이 먹고 오~래 살아야지!

음식을 골고루 잘 먹어야 해요. 음식을 제대로 챙겨 먹지 않으면 금방 배가 고프고 힘이 없어질 거예요.

하지만 사람과 다르게 나무들은 햇빛을 받아서 스스로 양분을 만들 수가 있어요. 비를 맞고 햇빛 아래 서 있었을 뿐인데 무럭무럭 크는 거죠. 쑥쑥 자라서 수십 미터에 달하는 아름드리나무가 되기도 하고, 포도, 딸기, 사과처럼 맛있는 과일을 열매로 맺기도 해요. 또 벼들은 가을이면 노랗게 익어 황금빛이 넘실대는 황금 들판을 만들지요.

이처럼 스스로 양분을 만드는 식물을 생산자라 하고 사람이나 동물처럼 스스로 생산하지 못하고 무언가를 먹어야 하는 것을 소비자라고 한답니다.

소비자는 더 자세히 나누어져요. 생산자를 직접 먹으면 1차 소비자, 1차 소비자를 먹는 2차 소비자, 2차 소비자를 먹으면 3차 소비자라고 하지요. 예를 들어 풀이나 식물의 열매를 먹는 메뚜기, 토끼, 다람쥐 등은 1차 소비자, 이들을 잡아먹는 개구리나 오소리는 2차 소비자, 이들을 잡아먹는 뱀이나 늑대가 3차 소비자가 되는 거랍니다.

047 분해자가 하는 일은 어떤 걸까요?

배가 너무 고파 먹으려고 집어 든 빵에 곰팡이가 피어 있으면 화도 나고 기분도 나쁠 거예요. "곰팡이 정말 짜증 나. 다 없어지면 좋겠어." 이렇게 투덜거릴지도 몰라요. 하지만 곰팡이가 정말 사라진다면 우리 생활은 오히려 힘들어지게 될 거예요.

빵이 상하는 것처럼 곰팡이는 음식들을 썩게 만들어요. 이렇게 무언가를 썩게 만드는 생물을 분해자라고 하지요. 분해자는 생태계에서 무척 큰일을 담당하지요.

식물과 동물을 비롯한 지구상에 있는 모든 생명체는 반드시 죽게 되지요. 그리고 살아 있는 동안에는 많은 배설물을 만들어 내죠. 그런 것들을 빨리 치우거나 없애지 않으면 지구는

금방 엄청난 양의 쓰레기로 뒤덮일 거예요. 죽은 동물 사체가 널려 있고, 곳곳에 가득 쌓인 똥과 쓰러져 죽은 나무들이 즐비할 거예요.

분해자는 바로 이런 식물이나 동물의 사체, 배설물, 떨어진 낙엽 등 자연에서 발생하는 모든 쓰레기를 분해해요. 그래서 잘 썩게 만들고 없애서 자연 속에서 다른 생물들이 계속 잘살 수 있도록 하지요.

분해자는 여러 종류가 있어요. 그중 대표적인 분해자가 곰팡이를 비롯한 버섯, 세균 등이에요. 버섯은 죽은 고목 등에서 자라며 이를 분해하지요. 곰팡이나 세균도 죽은 식물이나 동물을 분해해요. 이들은 자연에서 쓰레기가 발생하면 빠르게 일해서 다시 자연으로 돌아갈 수 있도록 만들어요.

그러니 분해자가 없다면 지구의 모든 생명체는 살 수가 없겠죠? 분해자가 생활을 불편하게 할 때도 있지만 생태계에는 꼭 필요한 존재랍니다.

복잡할수록 좋은 게 있다고요?

하늘을 날던 제비가 순식간에 잠자리를 낚아채 물고 날아가고, 풀밭에서는 개구리가 혀를 길게 쑥 내밀어 메뚜기를 날름 삼키고 있네요. 그 옆에 흐르는 개울에서는 민물고기가 물벼룩을 잡아먹고 있어요.

주변을 보면 무언가를 잡아먹는 관계를 쉽게 발견할 수 있어요. 세계의 다른 어느 지역에서도 마찬가지예요. 아프리카의 넓은 초원에서 뛰어노는 영양은 사자에게 잡아먹히고 추운 북극에 사는 북극곰은 물로 풍덩 들어가 물고기를 사냥하지요. 깊은 바닷속에서는 상어가 물고기를 잡아먹어요.

생태계에서는 지금 이 순간에도 먹고 먹히는 일이 일어나고 있어요. 풀잎은 메뚜기가 먹고, 메뚜기는 개구리에게 잡아먹히고, 개구리는 뱀에게 먹히고, 뱀은 매에게 먹혀요. 생물의 먹고 먹히는 이런 관계가 마치 사슬처럼 연결되었다고 해서 먹이사슬이라고 불러요.

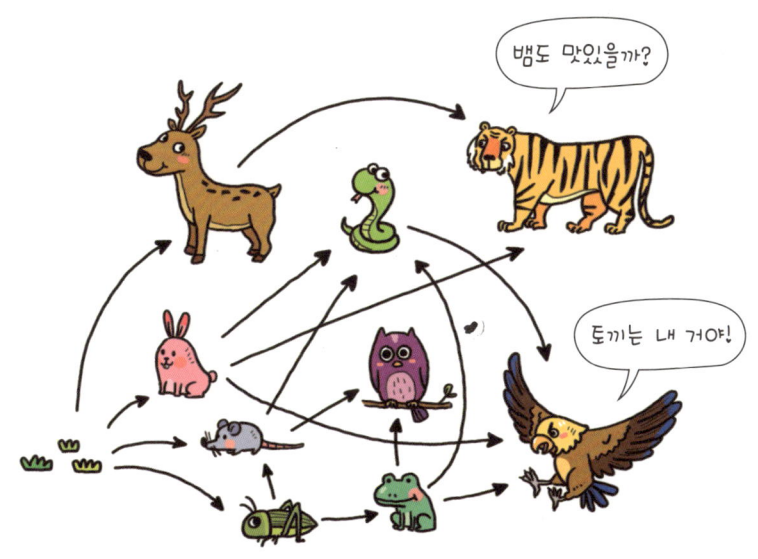

　하지만 단순히 일차원적으로 먹고 먹히는 관계는 아니에요. 복잡하게 얽혀 있는 경우가 더 많아요. 하나의 생물이 하나만 잡아먹지 않고 다양한 생물을 먹기 때문이지요. 그 생물 역시 또 다른 수많은 누군가에게 잡아 먹혀요. 이처럼 먹이사슬이 얽혀져 그물처럼 보이는 먹이관계를 먹이그물이라고 한답니다.

　사실 먹이그물은 복잡하게 얽혀 있어야 해요. 그래야 어떤 하나의 생물이 줄어들거나 사라져도 생태계가 크게 영향받지 않기 때문이에요. 만약 선 하나로 연결되었다면 중간에 생물 하나가 멸종되면 그 위의 생물 모두가 멸종되고 말 거예요. 그래서 먹이그물이 복잡할수록 생태계는 더 안전하답니다.

049 피라미드가 유지되어야 한다고요?

"우리는 오늘 막중한 임무를 띠고 이 섬에 침투한다. 모두 꼭 임무를 완수하도록! 알겠나!"

"네."

대원들은 모두 우렁차게 대답하고는 낙하산을 타고 뛰어내려 풀숲으로 사라졌어요. 얼마 후 임무 수행을 끝내고 모인 대원들은 모두 입에 쥐 한 마리씩을 물고 있었어요.

너무 엽기적인 풍자인가요? 사실 낙하산을 타고 뛰어내린 건 고양이였어요. 이 상황은 실제로 있었던 일로, 1955년 영국 공군의 도움을 받아 실시한 일명 '보르네오섬 고양이 공수 작전'이에요. 왜 영국 공군은 고양이를 낙하산에 묶어 보냈을까요?

생태계에는 생산자와 소비자가 있다고 했어요. 그리고 소비자는 1차,

2차, 3차…로 나누어지죠. 이런 관계를 그림으로 표현하면 마치 이집트의 피라미드를 닮았다고 해서 먹이피라미드라고 불러요. 먹이피라미드에서 가장 아래에 있는 것은 생산자이고 최종 소비자로 갈수록 그 수가 적어진답니다. 그런데 만약 중간에 개체 하나가 갑자기 늘어나거나 줄어들면 생태계 전체에 큰 영향을 주게 되지요.

고양이 공수작전이 벌어진 것도 이 때문이에요. 보르네오섬에 말라리아를 유행시키는 모기가 급증하자 살충제를 뿌렸는데, 모기만 죽은 게 아니라 바퀴벌레와 도마뱀까지 오염돼 버렸어요. 그리고 이 오염된 먹이를 먹은 고양이까지 떼 지어 죽자 쥐가 급속히 늘어나 버린 거예요. 쥐가 늘어나 말라리아보다 훨씬 더 무서운 흑사병이 돌게 되었지요. 그래서 쥐를 잡기 위해 고양이를 낙하산에 태워 들여보낸 것이랍니다.

이처럼 생태계는 먹이피라미드 모양이 항상 잘 유지되는 것이 중요하답니다.

050 생태계가 파괴되면 어떻게 될까요?

'우리나라보다 7배 크기의 거대한 섬 발견! 지구상에 그동안 전혀 알려지지 않았던 새로운 곳!'

지금까지 알지 못했던 새로운 곳이 발견되었다는데 도대체 어딜까요? 영화에서 보는 것처럼 새롭고 신비한 미지의 세계였을까요? 아니에요. 슬프게도 거대한 쓰레기로 이루어진 섬이었어요. 바다에 떠다니던 쓰레기들이 모여 우리나라보다 7배나 큰 섬이 된 플라스틱 아일랜드였죠.

섬 자체도 문제지만 더 큰 문제는 동물들이 그것을 먹는다는 거였어요. 고무호스, 음료수 캔, 비닐, 플라스틱 조각 등 각종 쓰레기를 물고기나 바닷새, 바다사자, 돌고래 등이 먹고 큰 피해를 보게 된 거죠.

이처럼 사람들의 잘못으로 많은 동물이 죽어가고 생태계가 파괴되고 있어요. 유조선에서 흘러나

우리나라보다 7배나 큰 섬 발견!

온 기름으로 쓸모없게 변해 버린 바다, 불법 방류된 공장의 폐수로 떼죽음을 당한 물고기…. 사람들의  잘못이나 실수로 파괴된 생태계의 모습은 너무 많아요.

또 지나친 개발은 산을 깎고 도로를 뚫어 산림을 황폐화해서 동식물들의 터전이 점점 사라지게 했어요. 지구의 산소통이라는 아마존도 무분별한 벌목과 개발로 하루에 축구장 600개 크기의 숲이 사라지고 있다고 해요.

이러한 개발은 지구온난화를 일으켜 또 다른 재앙을 만들었어요. 북극의 얼음이 녹아 북극곰이 살아갈 곳이 없어지게 만들고 해수면이 높아져 가라앉는 섬들이 생겨 났지요. 또 황소개구리나 뉴트리아, 큰입베스 같은 불법 외래종이나 돌연변이 등으로 인해 생태계가 파괴되기도 해요.

생태계는 한번 파괴되면 다시 되돌리기가 무척 어려워요. 물론 되돌리는 데는 엄청난 비용과 막대한 시간이 들지요. 생태계가 파괴되지 않도록 작은 것부터라도 늘 조심하고 환경을 보호해야 한답니다.

051 끈적거리는 날씨가 습도 때문이라고요?

장마철이 지나고 옷장 안에 넣어둔 건조제를 바꾸려고 꺼낼 때면 깜짝깜짝 놀라게 되지요. 장롱이나 이불장에 넣어둔 건조제 통에 물이 가득 차 있기 때문이에요. 분명 물 한 방울 없는 옷장이나 이불장인데 말이지요.

우리 눈에는 보이지 않지만 공기 중에는 물의 기체 상태인 수증기가 있어요. 이 수증기가 공기 중에 들어 있는 정도를 습도라고 하지요. 수증기가 적으면 습도가 낮아 공기가 건조하고, 많으면 습도가 높아 습해져요. 그래서 매일 비가 오는 장마철이 되면 습도가 높아지는 거예요. 날씨는 기온뿐 아니라 습도도 무척 중요하답니다.

습도는 우리 생활과 밀접한 관련이 있어요. 해가 쨍쨍한 날에 빨래가 잘 마르는 건 습도가 낮기 때문이에요. 빨래에 있는 물기들이 공기 중으로 잘 증발하거든요. 하지만 습도가 낮은 건조한 날에는 산불이 잘 나고, 사람들은 감기에 쉽게 걸릴 수 있어서 조심해야 해요. 건조하면 바이러스가 우리 몸에 더 잘 달라붙기 때문이에요.

 반대로 습도가 높은 날에는 곰팡이가 쉽게 번식하고 음식물이 부패하기 쉬워요. 빨래를 널어도 공기 중에 습도가 높아 빨래의 물기가 잘 마르지 않지요. 또 쇠붙이엔 녹이 잘 슬기도 해요.

 우리나라는 계절별로 습도 차이가 많이 나요. 여름에는 무척 습하고 겨울에는 건조하죠. 그래서 사람들은 적정한 습도를 맞추려고 더운 여름에 보일러를 틀거나 추운 겨울에는 건조함을 없애기 위해 가습기를 틀기도 해요. 장롱 속에 넣어둔 건조제의 물은 여름철 습도가 높을 때 공기 중의 수증기를 빨아들여 생긴 거랍니다.

안개와 구름이 똑같다고요?

"어휴, 하나도 안 보여."

안개가 짙게 낀 날 집을 나온 적이 있나요? 앞으로 걸어가려면 무언가에 부딪히지 않을까 조심하게 되지요. 뿌옇게 앞이 가려 제대로 볼 수가 없어요.

이처럼 안개는 우리 생활에 종종 찾아와요. 특히 날이 갑자기 추워진 아침에 안개가 많이 끼지요. 안개는 왜 생기는 걸까요?

공기 중에는 수증기가 있다고 배웠어요. 수증기는 물의 기체 상태로 눈에 보이지는 않지만 공기 중에 늘 있어요. 이 수증기는 기온이 낮아지면 아주 작은 물방울로 변해요.

땅 위에서 공기 중의 수증기가 갑자기 차가워진 기온으로 작은 물방울로 변해 하얗게 보이는 것이 바로 안개랍니다. 땅 위에 만들어진 안개처럼 저 하늘 위에서도 비슷한 현상이 발생해요. 지표면에서 증발한 여러 수증기가 공기 중으로 올라가고 하늘 위 기온이 점점 차가워지면서 물방울로 변하죠. 이런 물방울이 모여 하얗게 보이는 것이 구름이랍니다. 안개와 구름은 발생하는 위치만 다를 뿐 생기는 원리는 똑같아요.

구름 속의 물방울은 점점 알갱이가 커지고 무거워지면서 공기 중에 머무를 수 없게 되지요. 무거워진 물방울이 떨어지는 걸 비라고 불러요. 하지만 날씨가 추우면 물방울이 얼게 되고, 그러면 하늘에서 비 대신 눈이 내리게 된답니다.

안개와 구름이 만들어지고 비와 눈이 내리는 것은 모두 공기 중의 수증기가 차가워져 물방울이 되는 현상인 응결과 관련이 있어요. 이처럼 어떤 현상을 보고 왜 그렇게 되는지 그 이유를 생각해 보는 것은 좋은 과학적인 사고랍니다.

053 태양은 머리 위 어디쯤 떠 있을까요?

더운 여름, 점심을 먹으려고 외출을 할 때 하늘을 보면 해가 내 머리 위에 있는 경우가 많아요. 머리 위로 강렬하게 내리쬐는 뜨거운 햇볕 탓에 숨이 턱턱 막히기도 하지요. 늘 따라다니는 그림자도 아주 짜리몽땅하게 짧아져 있어요. 왜 항상 점심 시간 즈음엔 그렇게 더운 걸까요?

태양은 아침에 동쪽에서 떠올라 머리 위쪽에 머무르다 서쪽 하늘로 져요. 매일매일 하루도 거르지 않죠. 이렇게 태양이 움직이면서 머무는 위치에 따라 땅으로 내리쬐는 빛의 각도가 달라지는데, 이것을 태양의 고도라고 해요.

고도가 높으면 땅은 태양빛을 많이 받고, 고도가 낮으면 태양빛을 적게 받아요. 태양빛 대신 손전등을 비추어보면 쉽게 알 수 있어요. 비스듬할 때보다 위에서 비추면 손전등 빛이 훨씬 밝죠. 태양빛을 많이 받으면 당연히 날씨가 더워져요. 그래서 태양의 고도가 높아지면 기온은 올라가게 된답니다.

 하루 중 태양의 고도가 가장 높을 때는 12시 반이에요. 그때를 태양의 남중고도라고 말하지요. 하지만 실제로 하루 중 가장 더울 때는 2시 반으로 약간의 차이가 나요. 고도가 높으면 기온이 올라가지만 지표면이 데워지는 데 두 시간 정도가 걸리기 때문이에요.

 그럼 그림자는 어떤 모습일까요? 머리 위에서 높은 고도로 태양이 내리쬐면 그림자는 당연히 짧아질 거예요. 고도가 낮으면 태양이 비스듬하게 비추기 때문에 그림자는 길어지겠죠.

 태양의 고도와 온도, 그림자의 길이는 서로 밀접한 관련이 있었네요. 앞으로는 태양이 비출 때 나의 그림자를 살펴보고 태양이 어디쯤 있는지, 그래서 고도가 얼마나 되는지 확인해 보는 것은 어떨까요?

054 바닷가에서 부는 바람의 정체는 무엇인가요?

TV 드라마에는 밤바다를 바라보며 두 연인이 이야기하는 장면이 자주 나와요. 그럴 때면 때마침 바다에서 바람이 휙 불어와 머리카락이 멋지게 뒤로 흩날려주기도 하지요. 그런데 이 모습이 실제와는 거리가 먼 드라마 속 설정이라고 해요. 왜 그런 걸까요?

이유를 알려면 바닷가의 낮과 밤의 온도를 알아야 해요. 강렬한 햇볕이 내리쬐는 여름 낮의 바닷가는 달궈진 모래밭이서 있기조차 힘들 정도로 뜨거워요. 사람들은 저마다 더위를 피해 물에 풍덩풍덩 뛰어들지요. 발바닥이 뜨거워서 장난스럽게 이리저리 발을 옮겨가며 뛰기도 해요.

하지만 바닷물은 그렇게 빨리 데워지지 않아요. 모래밭보다는 훨씬 천천히 달궈지죠. 그래서 물속에 들어가면 물이 차갑다고 느껴질 때가 많아요.

이때 공기의 움직임은 어떻게 될까요? 뜨거워진 육지의 공기는 하늘 위로 올라가고, 그곳을 메우기 위해 바다 위의 비교적 찬 공기가 육지로 불게 되죠. 즉 바다에서 육지로 해풍이 부는 거예요.

밤이 되면 어떻게 될까요? 낮 동안 뜨거워진 모래와 바다가 식게 되겠죠. 모래는 빨리 뜨거워지는 대신 빨리 식고, 물은 천천히 데워지고 천천히 식어요. 그래서 밤에는 물보다 모래가 더 차갑죠. 그 결과 바다 위 공기가 하늘로 올라가고 그곳을 메우기 위해서 육지 쪽의 공기가 불어오지요. 그래서 밤에는 육지에서 바다로 육풍이 부는 거랍니다.

그럼 드라마 속 멋진 연인의 모습은 사실이 아니겠죠? 밤에 밤바다 쪽을 바라보고 있을 때 바람이 분다면 머리칼은 뒤로 멋지게 날리는 것이 아니라 앞으로 헝클어지고 말 거예요.

055 계절이 바뀌면 무슨 일이 일어날까요?

언덕 위에 예쁜 집이 있어요. 동화 속에 나올 법한 아름다운 집이죠. 그 집을 찍은 4장의 사진이 있어요. 그런데 분명 같은 집을 찍었는데, 사진의 느낌은 4장이 전혀 다르네요.

푸릇푸릇한 봄철의 언덕, 신록이 우거진 여름의 언덕, 울긋불긋 아름다운 가을의 언덕, 하얀 눈이 내린 겨울의 언덕…. 저마다 아름다운 모습을 간직하고 있어요. 이처럼 우리나라는 사계절이 뚜렷하고 계절별로 날씨의 특징이 있지요.

봄은 날씨가 따스해서, 겨우내 춥고 웅크렸던 싹들이 돋아나죠. 따스한 봄볕을 만끽하려고 사람들은 집 근처로 나들이를 하러 가기도 해요. 하지만

 요즘에는 황사나 미세먼지 때문에 그러지 못할 때가 많아요. 또 따스한 봄을 시샘하는 꽃샘추위가 찾아오기도 한답니다.
 여름이 되면 날씨가 더워지고 비가 많이 내려요. 또 장마나 태풍이 오기도 해요. 장마나 태풍은 태평양에 있던 뜨겁고 습한 공기덩어리가 우리나라로 오면서 영향을 주는 거예요. 너무 강한 태풍이 오거나 한꺼번에 폭우가 쏟아져 사람들이 많은 피해를 입기도 하죠. 미리미리 상황에 대처하고 준비하는 것이 필요한 때랍니다.
 가을이 되면 다시 날씨가 선선해져요. 산은 단풍으로 물들고 맛있는 곡식과 과일이 영글어가죠. 모든 것이 풍족한 수확의 계절이랍니다. 가을은 맑고 건조해서 높고 푸른 하늘을 자주 볼 수 있어요.
 겨울에는 날씨가 추워요. 시베리아에서 오는 차가운 바람이 불 때가 많아 두꺼운 겨울옷으로 보온을 잘 해줘야 하지요. 또 무척 건조해요. 춥고 건조하다 보니 산불이 많이 일어나고, 사람들은 감기에 잘 걸리게 된답니다.

056 바람은 왜 부는 걸까요?

"오늘은 저기압의 영향으로 구름이 많고 흐리겠습니다."

"다음 주에는 고기압의 영향으로 날씨가 맑고 쾌청하겠습니다."

날씨 뉴스를 듣다 보면 고기압과 저기압이라는 말이 자주 나와요. 고기압과 저기압은 무슨 의미일까요? 그리고 날씨에는 어떤 영향을 줄까요?

우리가 잘 느끼지는 못하지만 공기도 무게를 가지고 있고, 생각보다 무겁답니다. 무게가 있으면 자연스럽게 누르는 힘인 압력이 생기지요. 물에 들어가면 물의 압력인 수압이 있듯이 공기에도 공기 압력이 발생하지요. 이처럼 공기가 가진 압력을 기압이라고 한답니다.

기압은 매번 똑같지 않고 장소마다 달라요. 어떤 곳은 많은 공기가 꽉꽉 눌러져 가득 차 있지만 어떤 곳은 느슨하게 흩어져 있어요. 그래서 기압이 높고 낮음이 발생하는 데 기압이 주변보다 높으면 고기압, 기압이 주변보다 낮으면 저기압이라고 불러요.

　저기압의 가벼운 공기는 위로 올라가려고 하고, 고기압의 무거운 공기는 아래로 내려오려는 습성을 가졌어요. 저기압인 공기가 하늘 위로 올라가면 그곳에는 빈 공간이 생기게 될 거예요. 그럼 아래로 내려온 고기압의 공기들이 비워진 공간을 채우기 위해서 빈 공간으로 움직인답니다. 그때 그곳에 사람이 서 있다면 바람을 느끼게 되지요.

　바람은 이렇게 기압차가 생기면서 고기압에서 저기압으로 부는 거랍니다.

057 일기도의 여러 기호들은 어떤 의미일까요?

"안녕하세요. 오늘 날씨를 알려드리겠습니다. 오늘 날씨는 남서쪽에서 거센 바람이 불겠습니다. 또 구름이 짙어 흐린 날이 되겠습니다. 외출하실 때 우산을 챙겨 나가는 게 좋겠습니다."

뉴스가 끝날 때쯤 매일 기상캐스터가 일기예보를 전해 주지요. 다음날 야외 일정이라도 있는 날이면 혹시나 비가 오지 않을까 귀를 쫑긋하게 되지요. 화면 가득 채우고 있는 숫자와 그림이 잔뜩 그려진 일기도를 보면서 말이에요. 어떤 지역의 날씨를 숫자나 기호로 나타낸 지도인 일기도가 나타내는 의미를 살펴볼까요?

먼저 일기도에는 음표 모양처럼 생긴 기호가 있어요. 구름과 바람에 대해 알려주는 기호예요. 막대기의 개수는 바람의 세기를 표현하고, 색칠된 동그라미는 구름의 양을 나타낸답니다. 또 일기도 안에는 끊어지지 않고 연결된 선들이 그려져 있어요. 이 선은 같은 기압끼리 연결해 놓은 선으로 등압선이라

　고 불러요. 선들의 간격이 좁으면 바람이 세게 불고, 넓으면 약하게 불지요. 선들의 가운데 쓰인 고와 저라는 글씨는 고기압과 저기압을 나타낸 거예요. 이제 일기도만 봐도 고기압에서 저기압으로 부는 바람의 방향을 확인할 수 있겠지요?

　그 외에도 일기도에는 여러 기호가 쓰여요. 비나 태풍, 안개, 눈 황사 등 생활 속의 여러 날씨를 쉽게 나타내는 다양한 기호들이 많이 있답니다. 지금 한번 기상청에 들어가서 현재 날씨와 일기도를 비교해 보는 건 어떨까요?

058 땅속에서 불을 내뿜는 화산, 무섭지 않나요?

높이 2,750m, 한반도에서 가장 높은 산, 커다란 호수, 천지.

무엇을 설명한 건지 알 수 있나요? 바로 백두산이에요. 2,750m 꼭대기에 천지라는 커다란 호수가 있다는 건 정말 신기한 일이 아닐 수 없어요.

백두산은 거대한 화산이에요. 화산은 땅속의 마그마가 밖으로 나오며 생긴 산을 말하죠. 지구 내부에서 흐르던 뜨거운 마그마가 지표면을 따라 터져 나오는 거예요. 뜨거운 용암이 땅 밖으로 터져 나오는 모습은 상상만으로도 두려운 광경이에요.

화산은 폭발할 때 다양한 물질이 분출되어 나와요. 액체인 용암뿐만 아니라 화산재와 암석들, 화산가스 등이 쏟아져 나오지요. 여러 분출물이 나온 곳은 커다란 분화구가 돼요. 그곳에 물이 고이면 호수가 만들어지는데, 백두산의 천지도 그렇게 해서 만들어졌어요.

화산의 모양이 모두 백두산처럼 생긴 건 아니에요. 여러 모양으로 매우 다양하죠. 아주 뾰족한 모양을 하기도 하고, 고깔 모양을 이루거나 완만한 경사를 이루기도 해요. 세계에는 다양한 모양의 화산들이 곳곳에 있어서, 지열 발전을 하거나 관광지로 이용되고 온천으로 활용되기도 해요.

우리나라에는 화산이 3개 있어요. 백두산 외에 제주도 한라산과 울릉도 성인봉이지요. 최근 들어 백두산이 다시 화산활동을 한다는 보고가 있어 과학자들의 관심이 폭증하고 있어요.

만약 백두산 화산폭발이 다시 일어난다면 주변의 여러 나라에 큰 영향을 끼치게 될 거예요. 그래서 백두산의 화산활동을 대비해 여러 준비를 하고 있답니다.

059 현무암과 화강암에 대해 알아볼까요?

"돌에 구멍이 뚫린 게 엄청 많아."

제주도에 가면 구멍이 숭숭 뚫린 돌들을 쉽게 볼 수 있어요. 겉은 곰보빵처럼 오돌토돌한 모습이지요. 돌에 어떻게 구멍이 생겼을까요? 누군가가 일부러 그 많은 돌에 구멍을 뚫지는 않았을 텐데 말이죠.

이 돌의 이름은 현무암이에요. 이것은 모두 제주도 한라산의 화산활동과 관련이 있지요. 화산은 땅속을 흐르던 마그마가 땅 밖으로 분출되어 용암으로 나온 거라고 했어요. 땅속을 흐르는 마그마는 900~1,200도의 고온으로 각종 광물이 녹아 액체화된 물질이에요. 여기에 화산가스를 포함하고 있죠. 용암은 분출되면서 화산가스가 빠져나간 물질이랍니다.

마그마와 용암은 굳어 돌이 되는데, 용암이 빠르게 식은 돌을 현무암, 마그마가 천천히 굳은 돌을 화강암이라고 해요.

 현무암과 화강암은 생겨난 이유가 다른 만큼 색도 다르고, 크기도 달라서 겉모양에서부터 서로 차이가 크게 나요. 현무암은 구멍이 숭숭 뚫려 있고 알갱이가 작고, 어두운 검은색을 띠고 있는 암석이에요. 제주도에 세워진 돌하르방을 보면 알 수 있지요. 현무암에 구멍이 뚫려 있는 이유는 밖으로 나와 지표 부근에서 흐르던 용암의 압력이 낮아져 급하게 가스 성분이 빠져나간 후 빠르게 식어서예요.

 이에 반해 땅속 마그마가 서서히 굳어 만들어진 화강암은 전체적으로 밝은색을 띠고, 대체로 알갱이가 커요. 화강암은 건물의 바닥재, 묘비의 비석 등 다양하게 사용되는데, 주변에서 쉽게 볼 수 있어요.

무시무시한 지진은 왜 생기는 걸까요?

 지진이 일어나면 순식간에 땅이 갈라지고 건물이 무너져 내려요. 도로와 다리가 끊기고 길은 온데간데없이 사라지지요. 산사태가 나서 쏟아지는 흙더미가 산 밑에 있는 집을 덮치기도 해요. 지진을 직접 마주하게 된다면 정말 무서울 것 같아요. 지진은 어떻게 발생하고 또 그 위력은 어느 정도일까요?

 지구 내부에는 여러 가지 힘이 작용하고 있어요. 땅속이 서로 부딪히거나 밀면서 말이죠. 이런 힘이 오랫동안 작용하면 어떻게 될까요? 힘이 계속 쌓이면서 지표면으로 충격이 전해지게 될 거예요.

 스티로폼이나 우드록을 두 손으로 잡고 천천히 수평 방향으로 민다고 생각해 보세요. 계속 밀다 보면 어느 순간 부러지는데, 그때의 느낌과 충격이 땅에서도 똑같이 일어나는 거예요. 이렇게 지진은 지구 내부의 힘으로 땅이 끊어지거나 흔들리며 발생하게 되지요.

지진은 그 힘이 다양해요. 지진의 세기를 규모라고 하며, 1.0~9.0 이상으로 구분하는데, 숫자 1이 커질 때마다 땅은 10배로 더 흔들리고 에너지의 크기는 30배씩 증가한다고 해요. 엄청난 속도로 충격이 늘어나는 거죠.

지진의 규모 3까지는 약간 흔들거림을 느낄 정도지만 규모 5가 되면 건물 벽에 균열이 생겨나고, 규모 9가 되면 땅에 있는 거의 모든 건축물이 무너져 내리고 완전한 파괴상황이 된다고 해요. 그때는 핵폭탄이 터지는 것처럼 어마어마한 위력이라고 하죠.

최근에 우리나라에서도 경주에서 5.8, 포항에서 5.4의 지진이 발생했어요. 많은 사람이 집을 잃고, 크게 다친 사람이 생겨났지요. 우리나라도 더 이상 지진의 안전지대가 아닌 만큼 지진에 대해 공부해 대비를 잘 해야겠어요.

061 지진이 일어나면 어떻게 해야 할까요?

'애애애애앵.'

사이렌 소리가 울리자 학교에서 지진대피 훈련이 시작되었어요. 장난치지 않고 모두 진지한 모습이네요. 이처럼 우리는 평소에 지진을 대비해서 대처 방법을 생각하고 꼭 훈련해야 해요. 지진이 발생했을 때는 어떻게 해야 할지 알아볼까요?

지진이 일어나면 흔들림이 진행될 때와 흔들림이 멈췄을 때에 따라 다르게 대처해야 하지요.

먼저 지진으로 흔들릴 때의 대처 방법이에요.

교실이나 건물 안에 있는 경우라면 책상이나 테이블처럼 머리와 몸을 보호할 수 있는 것 밑으로 들어가야 해요. 넘어지거나 떨어질 물건 등으로 인해 머리를 다칠 수 있기 때문이지요. 몸을 숨긴 후에는 책상 다리를 꼭 잡아요. 승강기 안에 있다면 일단 모든 층의 버튼을 눌러 가장 먼저 열리는 층에

서 내려야 하고 건물 밖이라면 머리를 보호하면서 무너져 내릴 수 있는 건물이나 벽 주변에서 떨어져 있어야 해요.

 지진 흔들림이 멈추면 대처 방법이 조금 달라요. 먼저 학교나 건물 안에 있었다면 머리를 보호하며 선생님이나 인솔자의 지시에 따라 넓은 장소로 신속하게 이동해요. 건물에서는 승강기 대신 계단을 이용하고, 빠르고 안전하게 움직여야 하죠. 집에서는 흔들림이 멈추면, 전기와 가스를 차단하고 밖으로 나갈 수 있게 문을 열어두어야 해요.

 막상 지진이 일어나면 어떻게 해야 할지 대처방안이 떠오르지 않을 수 있어요. 지진은 예고하고 오지 않아 더 위험하지요. 평소에 대처 방법을 잘 배워서 항상 대비해야 한답니다.

머리를 보호할 수 있게 책상 밑으로 숨으라고 배웠어!

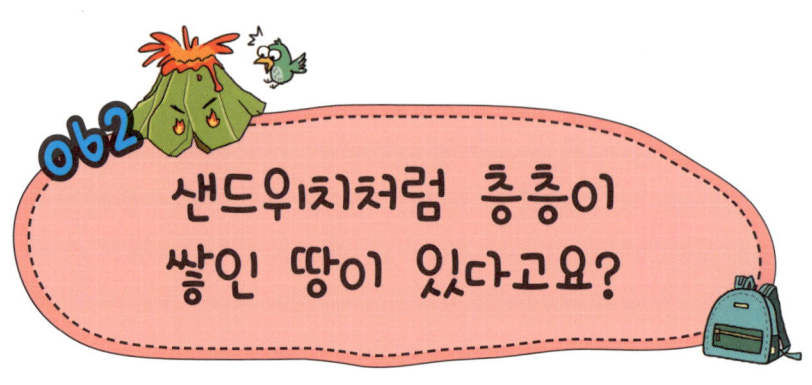

샌드위치처럼 층층이 쌓인 땅이 있다고요?

 빵을 양쪽에 두고 맛있는 햄과 치즈, 채소 등을 층층으로 쌓아 만든 샌드위치가 있어요. 영양도 좋지만 맛도 있어 우리 친구들은 물론이고 많은 사람이 좋아하는 음식이에요. 그런데 음식이 아니라 샌드위치처럼 층층이 쌓인 모습을 한 땅이 있다고 해요.

 땅이 샌드위치처럼 층층이 쌓여 있는 모습을 지층이라고 해요. 자갈, 모래, 진흙 등 암석 등이 모여서 지층을 이루어요.

 지층은 땅속의 모습이 드러나 있는 곳에서 확인할 수 있어요. 바닷가의 절벽이나 협곡 같은 곳에서 발견되지요. 세계 곳곳의 절벽이나 협곡에는 색깔과 두께가 다양한 지층들로 아름다운 장관을 만들고 있는 곳이 많아요. 특히 미국 그랜드캐니언이라는 곳에 가면 거대한 지층을 볼 수 있어요. 길이가 446km에 너비가 30km, 깊이가 1.6km에 달하는 어마어마한 협곡으로 지층의 모습을 보여주는 살아 있는 교과서 같아요.

우리나라에도 멋진 지층이 많이 있어요. 전라도 변산반도에 있는 채석강이나 서해의 가장 북쪽에 있는 섬 백령도에 있는 두무진 포구 등에는 겹겹이 쌓인 지층의 모습이 절경을 이루고 있지요.

이런 지층은 정말 샌드위치를 만드는 것처럼 밑에서부터 위쪽으로 순서대로 쌓이게 돼요. 그리고 지구상의 격변, 내부의 힘, 충격에 의해서 여러 모양이 만들어지지요. 평평하게 수평을 유지한 지층에서부터 엿가락처럼 휘어진 지층, 뚝뚝 끊어져 부러지기도 한 지층 등 다양한 모습들을 볼 수 있답니다.

063 화석은 어떻게 만들어졌을까요?

　발자국일 뿐인데 그 속에 사람들이 쏙 들어갈 수 있어요. 한 사람이 아니라 몇 명이 들어갈 수 있는 커다란 것도 있지요. 바로 공룡 발자국이에요. 발자국 옆에는 커다란 공룡알도 박혀 있네요. 한반도에 공룡 발자국은 6,500개나 있고, 공룡 이름 중에는 코리아케라톱스, 해남이크누스, 코리아노사우루스처럼 우리나라의 이름과 지명을 딴 것도 있다고 해요.

　이렇게 공룡 발자국이나 공룡알처럼 옛날에 살던 생물의 모습이 남아 있는 것을 화석이라고 해요. 지구상에는 많은 화석이 남아 있어요. 방금 전 살펴본 공룡부터 고사리, 나뭇잎, 물고기 등 다양한 화석들이 있죠. 화석은 꼭 돌로만 이루어

　진 것은 아니에요. 소나무 송진에 빠진 곤충이 굳어져서 딱딱하게 되기도 하고, 매머드처럼 차가운 빙하 안에 꽁꽁 언 채로 발견되기도 해요.

　화석은 어떻게 만들어졌을까요? 물고기를 예로 들어보면, 물고기가 죽은 후 퇴적물들이 빠르게 쌓여 그 속에 묻히면서 화석이 만들어져요. 그렇지 않는다면 물고기의 사체를 다른 생물이 금방 먹거나 썩어서 없어져 버렸을 거예요. 단단한 것들이 화석이 되기 쉬워요. 그래서 화석에 뼈가 많이 발견되지요.

　화석을 통해서 우리는 생물의 모양과 특징을 생각할 수 있어요. 또 당시 상황을 유추할 수도 있지요. 고사리의 화석을 보며 지금의 고사리와 생김새를 비교해 볼 수 있어요. 산꼭대기에 있는 조개 무더기 화석으로 산이 예전에는 바다에 잠겨 있던 곳이라는 추측을 할 수 있는 거랍니다.

돌은 어떻게 만들어질까요?

♪ 바윗돌 깨뜨려 돌덩이, 돌덩이 깨뜨려 돌멩이,
돌멩이 깨뜨려 자갈돌, 자갈돌 깨뜨려 모래알 ♬

어린 친구들이 모래밭에서 노래를 부르며 흙놀이를 하고 있어요. 모래로 굴을 파고 길을 만들어 물을 흘려보내기도 하고, 꽁꽁 뭉쳐 집이나 동그란 공을 만들기도 하지요. 흙으로 꽉 다져진 물건은 생각보다 제법 튼튼해요. 물을 섞고 힘을 주어 주먹으로 다지면 잘 부서지지 않아요.

이 모습에서 우리는 돌이 만들어지는 과정을 볼 수 있어요. 돌은 화강암이나 현무암처럼 화산활동으로 만들어지기도 하지만, 노랫말과 흙놀이 모습처럼 큰 바위가 부서지거나 작은 알갱이들이 뭉쳐져 만들어지기도 해요. 특히 자갈, 모래, 흙 등이 물에 의해 운반되고 쌓여서 만들어진 돌을 퇴적암이라고 불러요.

퇴적암은 무엇으로 만들어졌느냐에 따라 불리는 이름이 달라져요. 그리고 종류에 따라 알갱이의 크기, 색깔, 생김새 등도 차이가 나지요.

 먼저 자갈로 만들어진 돌은 역암이라고 해요. 색깔과 촉감이 다양하고 알갱이들이 크죠. 사암은 모래로 만들어진 돌인데, 조금 거칠고 알갱이의 크기는 중간 정도예요. 진흙이나 갯벌의 흙으로 만들어진 돌은 이암이라고 해요. 알갱이의 크기가 가장 작고 부드러우며 덩어리 모양으로 잘 깨지죠. 또 동물의 뼈나 조개 같은 석회 물질로 만들어진 석회암도 있어요.

 이런 돌들은 열과 압력을 받으면 다른 모습으로 변하게 돼요. 이렇게 변한 돌들은 변성암이라고 부른답니다.

065 태양이 아니라 지구가 도는 거라고요?

차를 타고 가다 문득 가로수가 달리고 있다고 생각해 본 적이 있지 않나요? 마치 나에게 다가오는 것 같은 느낌말이에요. 나무에 발이 달린 것도 아닌데 참 이상하죠. 물론 실제로 움직이는 건 당연히 자동차예요.

우리는 이런 장면을 매일 하늘에서 찾아볼 수 있어요. 태양이 아침에 동쪽에서 떠서 서쪽으로 지는 것처럼 보이지만, 사실 태양은 가만히 제자리에 있고 움직이는 것은 지구예요.

지구는 하루에 한 바퀴씩 자전축을 중심으로 서쪽에서 동쪽으로 돌아요. 자전축은 지구의 북극과 남극을 직선으로 연결한 가상의 선인데 23.5도 기울어져 있죠. 이 자전축을 중심으로 마치 손가락 위에서 커다란 공이 빙그르르 도는 것처럼 움직이게 되는데, 이것을 지구의 자전이라고 하지요.

지구는 1초에 465m의 속도로 자전을 해요. 1초 동안 100m를 네 번 넘게 왔다 갔다 하는 엄청난 빠르기이죠. 달리기 선

수로 올림픽에 나간다면 무조건 금메달일 거예요. 지구가 이렇게 빠르게 움직이지만 땅 위에 있는 우리는 전혀 느껴지지 않는답니다.

지구가 이렇게 매일 자전하기 때문에 날마다 낮과 밤이 생기는 거예요. 태양이 지구를 비추는 곳은 낮, 반대쪽은 밤이 되지요. 방에 있는 스탠드를 켜놓고 작은 공에 인형을 세워 돌려 보면 낮이 되는 곳과 밤이 되는 곳을 쉽게 알 수 있어요.

태양과 마찬가지로 지구의 자전으로 인해 달과 별도 매일 동쪽에서 서쪽으로 움직여요. 혹시 아직 보지 못한 친구들은 오늘밤이라도 관찰해 보세요. 하지만 조금 졸릴지도 몰라요.

066 태양계는 어떻게 이루어져 있을까요?

오래전 〈은하철도 999〉라는 만화영화가 있었어요. 철이라는 주인공이 엄마를 찾아 기차를 타고 우주여행을 하는 이야기지요. 은하철도 999는 지구를 떠나 태양계와 여러 행성 곳곳을 넘나들었답니다. 정말 이런 기차가 있다면 태양계도 직접 보고 너무나 신나고 재미난 일일 거예요.

태양계는 태양과 태양을 둘러싼 행성들의 마을이라 할 수 있어요. 태양은 태양계의 한가운데에서 스스로 빛을 내며 타오르죠. 이글거리는 강렬한 불을 내뿜으면서요. 카리스마 최고인 대장 태양은 자기를 따르는 여러 행성을 거느리고 있어요.

행성은 태양의 주위를 빙글빙글 돌며 따르지요. 커다란 원을 그리며 도는 모습이 마치 대장 태양을 따르는 부하의 모습 같아요. 태양의 주위를 도는 행성은 모두 8개가 있어요. 8개의 행성 이름은 수성, 금성, 지구, 화성, 목성, 토성, 천왕성, 해왕성인데 지구도 그중 하나랍니다. 멋진 고리를 한 토성이나 사랑의 비너스 금성은 한 번쯤 들어본 이름이지요? 행성은 저마다 크기가 다양하고, 자신만의 속도로 열심히 태양의 주위를 돌고 있어요.

행성 사이의 거리는 얼마나 될까요? 사실 그 거리는 실제로는 상상하기 어려울 만큼 먼 거리예요. 태양에서 지구까지는 약 1억 5,000만 km이고, 가장 멀리 떨어진 해왕성까지는 45억 km나 된답니다.

태양계에는 행성 외에도 행성 주위를 도는 위성과 소행성도 있어요. 사람들은 이러한 태양계를 더 자세히 알아보기 위해 탐사선을 보내고 있지요. 특히 지구와 가까운 화성에 사람이 살 수 있을지를 연구하고 있어요. 과연 가까운 미래에 영화에서처럼 화성에 가서 살 수 있는 시대가 올 수 있을까요?

계절이 생기는 이유는 무엇일까요?

봄, 여름, 가을, 겨울 사계절 중 어느 계절을 제일 좋아하나요? 따뜻하고 포근한 봄을 좋아하는 친구도 있고, 덥지만 시원한 물놀이를 할 수 있는 여름을 좋아하는 친구도 있을 거예요. 시원한 가을을 사랑하는 친구도 있고, 신나는 눈싸움을 할 수 있는 겨울을 좋아하는 친구도 있죠.

이런 특색 있는 사계절이 생기는 이유는 지구가 태양을 도는 것과 관련이 있어요. 지구는 태양의 행성답게 1년에 한 바퀴씩 서쪽에서 동쪽으로 태양의 주위를 크게 돌아요. 친구들이 운동장을 한 바퀴씩 돌며 달리기를 하는 것처럼 말이죠. 이것을 지구의 공전이라고 해요.

이런 지구는 자전축이 23.5도로 기울어져 있어요. 반듯이 서 있지 않고 뒤로 약간 뉘어져 있는 거죠. 그래서 지구가 공전하는 위치에 따라 태양빛을 받는 양이

달라지지요. 만약 태양 쪽으로 기울어져 있으면 지구가 햇빛을 많이 받는 여름이 되고, 반대로 기울어져 있으면 햇빛을 적게 받는 겨울이 되는 거지요. 그리고 중간은 봄과 가을이 되는 거예요.

그럼 어느 정도의 속도로 지구는 공전할까요? 왠지 커다란 지구는 움직이기가 쉽지 않을 것 같아요. 너무 커서 천천히 움직일 것 같기도 해요. 하지만 지구의 공전 속도는 상상 이상으로 무척 빨라요. 속도가 무려 1초에 30km인데, 이 속도는 지구라는 비행기를 타고 있으면 약 15초 만에 서울에서 부산까지를 갈 수 있는 빠르기랍니다. 즉 비행기나 로켓보다 훨씬 빠른 어마어마한 속도로 태양의 주위를 돌고 있는 거지요.

사람들은 왜 별을 좋아할까요?

"오빠가 나중에 저기 저 별 따줄게."
"히, 정말이야?"
"그럼 당연하지. 오빠만 믿어."

엄청 오글거리나요? 사랑하는 커플이 다정하게 밤하늘의 별을 바라보고 있어요. 예나 지금이나 별은 사람들의 낭만과 설렘, 호기심의 대상이에요. 사람들은 왜 별을 좋아할까요?

별은 태양처럼 스스로 빛을 내는 천체에요. 스스로 빛을 내는 천체인 만큼 태양처럼 크기가 엄청 크죠. 우리 눈에는 아주 작게 보이지만 사실은 지구보다 수십, 수백만 배 이상 크답니다. 그런데 왜 이렇게 작게 보이냐고요? 지구에서 너무 멀리 떨어져 있기 때문이에요.

별 대부분은 하늘에서 움직이는데, 움직이지 않고 같은 자리에 있는 별이 있어요. 바로 북극성이에요. 사람들은 수많은 별 가운데 이 북극성을 보며 북쪽을 찾아냈어요. 북극성이 북쪽

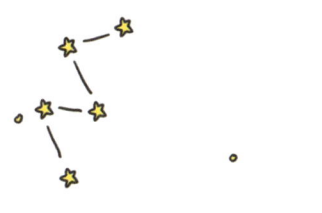
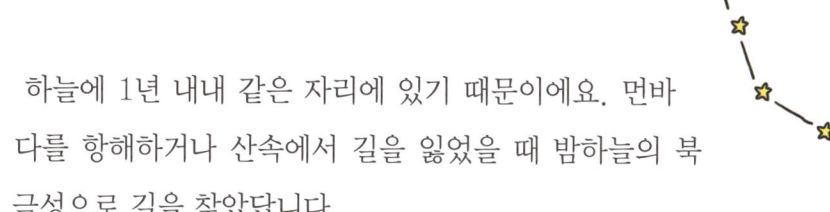

하늘에 1년 내내 같은 자리에 있기 때문이에요. 먼바다를 항해하거나 산속에서 길을 잃었을 때 밤하늘의 북극성으로 길을 찾았답니다.

이런 별들을 서로 연결해 무리를 짓고 이름을 붙인 것을 별자리라고 해요. 사람들은 하늘에 떠 있는 수많은 별에 여러 동물과 물건 등의 이름을 붙여서 별자리를 만들었어요. 그리고 이야기도 만들었지요.

7개의 별이 국자 모양을 만든 북두칠성, 허영심 많은 왕비 이야기를 간직한 카시오페이아, 애틋한 사랑 이야기를 간직한 독수리자리와 오리온자리…. 여러분이 알고 있는 별자리에는 무엇이 있나요? 어떤 이야기가 가슴을 뛰게 만드나요?

069 달에 대해 궁금하다고요?

♪ 달, 달, 무슨 달. 쟁반같이 둥근 달.
어디 어디 떴나? 남산 위에 떴지 ♬

한 번쯤 들어본 적이 있을 법한 이 동요는 커다란 보름달이 산 위에 떠 있는 모습을 나타낸 거예요.

우리나라 사람들은 달을 좋아하지요. 그래서일까요? 달에 토끼가 살며 방아를 찧고 있다고 상상했어요. 서양에도 달과 관련한 이야기들이 많아요. 〈지킬박사와 하이드〉 같은 흥미진진한 모험이

나, 닐 암스트롱! 내가 달을 최초로 밟았지, 훗.

야기는 달빛이 비추는 밤을 배경으로 하고 있어요.

　사람들은 예부터 달에 대해서 호기심이 많았어요. 달에는 무엇이 살고 있는지, 달은 어떻게 생겼는지 알고 싶어서 많은 연구를 했죠. 그리고 결국 사람을 태운 우주선을 달로 보내는 데 성공했어요. 1969년 아폴로 11호가 달 착륙에 성공했고, 닐 암스트롱이 인류 최초로 달을 밟았지요. 그렇게 달에 대해서 많은 것을 알아냈어요.

　사실 달은 우리 지구를 돌고 있는 작은 위성이에요. 그냥 보기에는 태양과 비슷한 크기처럼 보이지만 달의 반지름은 지구의 $\frac{1}{4}$ 정도라고 해요. 지구와 가깝게 있기 때문에 크게 보이는 거지요. 또 매일 밤을 환하게 비추고 있지만 실제로 달은 빛을 내지 않아요. 태양빛이 반사된 달이 우리 눈에 보이는 거예요.

　달의 모습은 날짜에 따라 달라져요. 어떤 날은 쟁반같이 동그랗고, 시간이 흐르면 반달이 되었다가 홀쭉한 모습으로 변하죠. 그러다 시간이 지나면 다시 동그랗게 되는 걸 반복하지요. 달이 모양을 바꾸는 이유는 지구 주위를 약 한 달에 한 번 꼴로 공전하기 때문이에요. 달의 위치에 따라 태양빛에 반사되는 모습이 달라져 다르게 보이는 것이랍니다.

070 계절마다 별자리가 왜 달라지나요?

"너는 언제 태어났니?"
"응, 난 4월에 태어났어."
"아, 그럼 별자리가 황소자리구나."
"넌?"
"난 11월, 전갈자리야."
"우리 별자리가 어디 있는지 찾아볼까?"
친구 둘이서 생일과 별자리에 대해서 이야기하다가 이상한 것을 알게 되었어요. 하늘에서 보이는 별자리의 모습이 계절마다 달라지는 거예요. 왜 이런 일이 생기는 걸까요?

　지구는 공전을 한다고 했어요. 1년에 한 번씩 태양의 주위를 크게 돌지요. 이런 지구의 공전 때문에 계절마다 보이는 별자리의 모습이 바뀌지요. 봄, 여름, 가을, 겨울에 지구에서 보이는 별자리가 달라지는 거예요. 별이 태양빛이 비치는 쪽에 있게 되면 너무 밝아서 그쪽의 별들은 보이지가 않기 때문이에요.

　그럼 계절별로 보이는 대표적인 별자리는 무엇이 있을까요? 다음은 밤 9시에 우리나라의 남쪽 하늘에 보이는 대표적인 별자리들이에요. 봄에는 처녀자리, 사자자리, 목동자리, 여름에는 거문고자리, 독수리자리, 백조자리, 가을에는 물고기자리, 페가수스자리, 안드로메다자리 그리고 겨울에는 작은개자리, 큰개자리, 오리온자리, 쌍둥이자리 등이 보인답니다.

　갑자기 옛날에 살던 사람들이 부러워지네요. 찬란하게 빛나는 별들을 늘 볼 수 있었잖아요. 아름답게 반짝이는 별빛을 보며 추억을 만들 수 있다면 너무 낭만적일 것 같아요.

071 내가 느끼는 온도는 정확한 걸까요?

물을 잔뜩 받아놓은 욕조에 들어가기 전에 물이 얼마나 뜨거운지 알아보려고 발을 물에 살짝 담갔다 얼른 빼버리지요. 이렇게 일상생활에서는 손이나 발로 만지거나 대보면 차갑고 뜨거운 정도를 쉽게 파악할 수 있어요. 그런데 온도에 대한 이런 느낌은 늘 정확한 걸까요?

간단한 실험을 해보기로 해요. 대야 3개를 준비해 각각에 차가운 물, 따뜻한 물, 미지근한 물을 담아요. 그리고 왼손은 따뜻한 물에 넣고 오른손은 차가운 물에 넣어요. 왼손은 점점 따뜻해지고 오른손은 차갑게 될 거예요. 잠시 후 남아 있는 미지근한 물에 두 손을 넣어요. 어떤 느낌이 들까요?

같은 물인데, 왼손과 오른손이 느끼는 물의 느낌은 완전히 달라져요. 왼손은 아주 시원한 느낌이 들게 되지만 오른손은 따뜻한 느낌이 들게 되지요. 이처럼 어떤 온도를 판단할 때 따뜻하다, 차갑다는 느낌만으로 정확히 알 수가 없어요. 똑같은 미지근한 물을 느끼는 손의 감각이 완전히 달랐던 것처럼 말이죠. 그래서 온도를 정확히 알기 위해서 온도계를 사용해요.

온도를 측정하는 온도계는 여러 종류가 있지만 대표적인 것은 빨간 알코올 온도계예요. 알코올 온도계는 기다랗고 얇으며, 둥근 기둥 모양으로 겉에 눈금이 그려져 있어요. 큰 눈금은 10℃ 간격이고, 그 안에 10개의 작은 눈금이 그려져 있죠. 눈금 안쪽에 들어 있는 빨간색 액체가 온도가 높아지면 위로 올라가고, 온도가 낮아지면 다시 내려오지요. 온도를 볼 때는 눈높이에 온도계를 맞추고 읽어야 해요.

일상생활에서는 전자온도계도 많이 이용해요. 감기에 걸려 열이 날 때는 전자온도계를 귀에 넣어 체온을 재곤 하지요.

072 열의 이동이 궁금하다고요?

가스 불에 한껏 달궈진 냄비를 잘못 만지다가는 손을 데기 쉬워요. 엄청 뜨겁기 때문이지요. 처음 가스 불을 켤 때는 괜찮은데, 시간이 지나면서 냄비의 가장자리 쪽 손잡이까지도 뜨거워지죠. 이처럼 우리는 일상생활에서 열이 이동하는 것을 자주 볼 수 있어요.

고체를 뜨겁게 달구면 열은 처음에 뜨거워진 곳에서 점점 옆으로 이동하게 돼요. 열변색 스티커를 붙여 쇠막대를 달구면 열기가 점점 끝으로 이동하며 뜨거워지는 것을 볼 수 있지요. 열이 이동하는 속도는 물체마다 달라요. 쇠, 나무, 유리 그리고 플라스틱을 놓고 열을 이동시켜 보면 쇠가 가장 빠르게 이동하는 것을 알 수 있

다 끓었는데, 옮길 수가 없어!

어요. 뜨거운 국을 담는 국자의 손잡이 끝이 플라스틱으로 덮인 이유이기도 하죠. 이처럼 고체의 뜨거운 쪽에서 차가운 쪽으로 열이 이동하는 것을 전도라고 해요.

그럼 액체에서는 어떻게 될까요? 뜨거워진 물은 어떻게 움직일까요? 물속에 잉크를 떨어뜨리고 가열해 보면 잉크가 위로 올라가는 모습을 볼 수 있어요. 주전자에 물을 끓일 때도 아래쪽의 물이 뜨거워지며 위로 올라가지요.

기체에서도 마찬가지예요. 뜨거워진 공기는 위로 올라가죠. 열기구가 하늘 위로 올라가는 것은 열기구 안의 공기가 뜨겁게 데워졌기 때문이에요. 한쪽에만 난로를 틀어놓아도 집안 전체가 훈훈해지는 건 난로의 열기가 위로 올라가서 방 전체로 전달되기 때문이에요. 액체나 기체에서 더운 열이 위로 올라가 이동하는 것을 대류라고 하지요.

이처럼 고체와 액체, 기체의 열 이동은 비슷하지만 조금씩 다르답니다.

073 두 물체 사이에서 열은 어떻게 움직일까요?

팔팔 끓는 물에 달걀을 삶은 후 바로 껍데기를 까려면 너무 뜨거워 도저히 깔 수가 없어요. 이럴 때는 어떻게 해야 할까요? 차가운 물을 틀어서 달걀을 재빨리 식혀야겠지요. 우리는 경험상 뜨거운 물체를 차가운 물에 넣으면 금방 식는다는 것을 알고 있어요.

이것은 두 물체 사이에서 일어나는 열의 움직임과 관련이 있어요. 뜨거운 달걀과 차가운 물이 만나면 열이 이동하기 때문이에요. 그럼 서로 다른 두 물체에서 열은 어떻게 움직일까요? 열은 뜨거운 물체에서 차가운 물체로 이동해요. 그러면서 2개의 온도가 점점 비슷해지죠. 뜨거운 달걀에 있는 열이 차가운 물속으로 이동하면서 달걀은 차가워지고 물은 따뜻해지는 거예요.

열이 날 때 머리에 얼음주머니를 대거나 시장에서 생선 위에 얼음을 뿌려 두는 것도 같은 이유랍니다. 머리와 생선에 있던 따뜻한 온기가 얼음으로 이동하면서 차가워지게 되지요. 겨울철에 밖에 있다 들어와서 집에 있던 동생의 얼굴에 손을 대면 난 따뜻하지만 동생은 차가움을 느끼지요. 동생 얼굴에 있는 따뜻한 열이 나에게로 와서 나는 따뜻해지고 동생은 열을 빼앗겨 차가움을 느끼는 거예요.

 이렇게 두 물체의 온도가 다를 때 열은 끊임없이 이동해요. 잘 생각해 보면 뜨거운 온기가 차가운 냉기로 이동해서 참 다행인 것 같아요. 만약 반대의 경우라면, 즉 차가운 물체는 차가움을 흡수하고, 뜨거운 물체는 뜨거움을 빨아들인다면 지구는 살 수 없는 곳이 될 거예요. 차가운 것은 계속해서 차갑게 되고 뜨거운 것은 너무 뜨겁게 될 테니까요.

074 불난 집에 부채질하면 왜 안 되죠?

나무가 울창한 외딴섬 정글 한가운데서 김병만 아저씨가 열심히 나무를 비비고 있어요. 움푹 파인 나무 구멍에 작은 막대기를 꽂아 빠르게 비비는 것이지요. 어느새 이마에 송골송골 땀이 맺혔어요. 모락모락 연기가 나며 불이 날 듯 말 듯 하네요. 옆에서 누군가 열심히 부채질을 해주며 바람을 조금씩 일으켜요.

'지지직.'

마침내 불꽃이 일었어요. 얼른 마른 낙엽을 대서 불을 붙였어요. 드디어 불이 생겼네요. 불을 붙이는 특별한 수단이 없던 옛날에는 이렇게 불을 붙이곤 했어요. 나무를 비비는 것만으로 불이 붙는 원리를 살펴볼까요?

일단 물질이 타기 위해서는 탈 물질이 필요해요. 나무와 낙엽처럼 탈 물질이 없다면 불을 붙일 수가 없겠죠. 무언가가 타기 위해서는 탈 물질이 당연히 있어야 해요.

탈 물질은 일정한 온도 이상이 되면 불이 붙는데, 이 온도를 발화점이라고 해요. 발화점은 나무, 종이, 성냥 등 물질마다 각각 달라요. 불을 붙이기 위해 나무를 비빈 것은 마찰열을 이용해서 온도를 발화점 이상으로 올리기 위한 거예요. 같은 원리로 돋보기로 초점을 모으면 햇빛으로 인해 발화점 이상까지 종이가 뜨거워져 불이 붙게 되지요.

　그런데 온도가 발화점 이상이 되더라도 산소가 없으면 불이 붙지 않아요. 불을 붙일 때 부채질을 해서 바람을 일으키는 것도 산소를 공급해 주기 위한 거였어요. 불난 집에 부채질한다는 속담도 같은 의미예요. 부채질을 하면 산소가 더 잘 들어가 불이 훨씬 더 잘 붙게 될 거예요. 탈 물질, 산소, 발화점 이상의 온도, 이 세 가지가 모두 있어야 물질이 탈 수 있답니다.

075 종이냄비에 라면을 끓일 수 있을까요?

"오늘은 선생님이 열심히 공부한 너희들을 위해서 라면을 끓여 줄 거야."

선생님 말씀에 아이들은 환호성을 질렀어요. 라면이 끓기 시작하자 맛있는 냄새가 코끝을 찌르네요.

그런데 가만 보니 라면을 끓이는 냄비가 종이로 만들어졌네요. 종이가 불에 타지 않고 라면을 끓일 수 있다니 정말 놀랄 일이에요. 어떻게 이런 일이 가능할까요?

물질은 발화점 이하의 온도에서는 불이 붙지 않는다고 했어요. 종이냄비에 불이 붙지 않는 이유도 마찬가지예요. 종이의 발화점은 400℃ 이상이고, 물이 끓는 온도는 100℃예요. 냄비에 열을 가하면 종이가 먼저 가열되지만, 냄비 속의 물이 열을 빼앗아 가기 때문에 물이 모두 없어지기 전까지는 종이냄비가 절대 타지 않는 거예요. 물론 그렇다고 아무 종이나 냄비처럼 만든다고 해서 타지 않는다는 건 절대 아니랍니다.

여기서 우리는 불이 꺼지는 원리를 생각할 수 있어요. 불을 어떻게 하면 쉽게 끌 수 있을까요?

첫 번째는 발화점 아래로 온도를 내려주는 거예요. 불이 나는 곳에 소방차가 물을 뿌리는 것도 같은 이유예요. 물을 뿌리면 온도가 떨어지게 되지요.

두 번째는 산소를 차단하는 거예요. 불길이 작을 때는 이불이나 옷가지로 덮거나 모래를 끼얹어 산소를 차단해 불을 끄는 방법을 사용해요.

세 번째는 탈 물질을 없애는 거예요. 가스 밸브를 차단하면 불이 꺼지죠. 가스가 바로 탈 물질이기 때문이에요.

불은 이처럼 발화점 이상의 온도, 산소, 탈 물질 이 가운데 하나만 없어도 바로 꺼진답니다.

076 여러 물질이 섞인 것을 무엇이라고 하나요?

우유를 듬뿍 부어 아침 대신 먹는 시리얼에는 건포도, 바나나 딸기 등이 듬뿍 들어 있어요. 입안 가득 씹히는 고소함이 정말 일품이에요. 딸기의 상큼한 맛, 마른 바나나의 딱딱하지만 고소한 맛, 건포도의 쫀득쫀득한 맛이 한번에 어우러져서 있네요.

이렇게 여러 먹거리를 섞어서 먹는 경우가 종종 있어요. 햄, 당근, 오이, 김치 등을 넣은 김밥이나 여러 채소를 한꺼번에 넣고 비비는 비빔밥 등이 그렇죠. 이런 음식들처럼 여러 가지 물질이 섞여 있는 것을 혼합물이라고 불러요.

혼합물은 순물질의 반대되는 개념이에요. 물이나 소금, 설탕, 나무, 순금처럼 하나의 물질은 순물질이라고 하고, 이런 순물질이 여러 개가 섞인 것을 혼합물이라고 해요.

고체뿐만 아니라 액체와 기체도 혼합물을 만들 수 있어요. 다시 음식을 예로 들어 볼까요? 식탁 위에서 맛있는 고기가 구워지고 있어요. 그 옆에는 여러 양념이 놓여 있죠. 후추와 소금을 섞은 양념 분말(고체와 고체), 식초와 간장을 섞은 양념장(액체와 액체), 소금을 뿌려 넣은 참기름장(액체와 고체), 이들은 모두 혼합물이에요.

이런 혼합물은 소금물이나 설탕물처럼 물질이 고르게 섞인 균일 혼합물과 흙탕물이나 미숫가루처럼 물질이 고르게 섞이지 않은 불균일 혼합물로 구분하지요.

기체 중에서 대표적인 혼합물은 공기예요. 공기는 질소, 산소, 이산화탄소, 헬륨, 네온 등 여러 기체가 섞인 혼합물이랍니다.

077 섞인 물질은 어떻게 분리할까요?

"잡곡밥은 싫어요."

흰 쌀밥보다는 잡곡이 섞인 밥이 건강에 좋지요. 하지만 잡곡밥은 왠지 맛이 없어 보여 싫어하는 친구들이 많아요. 만약 먹기 싫다고 콩, 팥, 좁쌀 등 여러 잡곡이 섞인 것을 다시 하나씩 분리해 흰쌀로 만들려면 그날 밥 먹는 건 포기해야 할지도 몰라요.

그럼 이처럼 크기와 모양이 다른 여러 개의 물질이 섞인 혼합물은 어떻게 분리하면 좋을까요? 이럴 때 가장 먼저 할 수 있는 방법이 체를 이용해 분리하는 거예요. 체는 촘촘하게 엮어진 그물처럼 생긴 기구를 말해요. 곡식 크기와 비슷한 구멍의 체 여러 개를 이용하는 거죠. 큰 체부터 시작해 점점 작은 순서대로 체를 활용하면 큰 알갱이부터 작은 알갱이 순으로 쉽게 거를 수 있어요.

공사장에서 모래와 자갈을 분리할 때도 같은 방법을 사용해

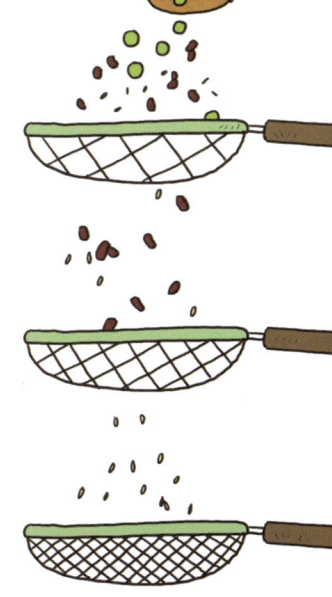

요. 모래와 자갈이 섞인 흙더미를 삽으로 떠서 체에 던지면 가는 모래는 체 너머로 떨어지고 자갈은 체에 남게 되지요. 섬진강에서 재첩이라는 작은 조개를 잡을 때도 체를 이용해요. 갯벌을 통째로 떠 넣어서 채에 넣고 흔들면 갯벌은 모두 빠져나가고 재첩만 남게 된답니다.

만약 알갱이의 크기가 같을 때는 어떡할까요? 똑같은 크기의 유리구슬과 쇠구슬이 여러 개 섞여 있다면 말이죠. 크기가 같아 체를 사용할 수가 없지요. 이럴 때는 물질의 성질을 이용해요. 쇠구슬이 있다면 자석을 이용해 쉽게 분리할 수 있을 거예요. 자석에 붙는 쇠의 성질을 이용하는 거죠. 알루미늄과 철 등 수많은 캔이 섞여 있는 분리수거장에서도 자석을 이용해서 철 캔만 분리해 내기도 한답니다.

078 녹아버린 소금을 어떻게 다시 찾을까요?

 소금은 우리 생활에 꼭 필요하지요. 사람들은 오래전부터 소금을 얻기 위해 끊임없이 노력했어요. 멀리 있는 소금 광산까지 가서 소금을 캐내기도 했고, 바닷가에 염전을 만들어 소금을 만들기도 했어요.

 가마솥에 바닷물을 넣고 끓여서 소금을 만드는 방법도 있어요. 바닷물 속에 섞인 모래나 여러 불순물 등을 걸러낸 후 끓이고 증발시켜 '자염'이라는 소금을 만든 거죠.

 여기에는 물에 담긴 혼합물을 분리하는 과학적인 방법이 담겨 있어요. 물에 녹지 않은 바닷물 속 불순물을 먼저 걸러내고(거름), 물에 녹는 소금의 성질을 이용해 바닷물을 끓여(증발) 소금을 만들어낸 거죠.

 거름은 물에 녹지 않는 물질을 분리하기 위해 걸러내는 방법이에요. 아주 촘촘한 체를 이용하기도 하지만 미세한 것을 걸러낼 때는 거름종이를 사용해요. 거름종이는 눈에 보이지 않는 작은 구멍들이 송송 뚫려 있어요. 그래서 완전히 녹은 물질은 구멍으로 잘 통과하지만 그렇지 않은 물질은 구멍을 통과하지 못하는 거죠.

 그래서 흙탕물이나 미숫가루 같은 것을 거름종이에 부으면 많은 알갱이가 거름종이 위에 남는 것을 볼 수 있어요. 야생에서 깨끗한 물이 없을 때 페트병에 숯이나 모래, 작은 자갈 등을 촘촘히 넣고 물을 넣으면 꽤 그럴듯하게 깨끗한 물이 나오죠. 물에 녹지 않은 물질을 여러 단계를 거쳐 걸러내는 거랍니다.

 그럼 물에 완전히 녹아버린 물질은 어떻게 찾아낼 수 있을까요? 바로 물을 끓이거나 증발시키는 거예요. 바닷물을 끓이면 소금이 남듯이 물을 증발시키면 물에 녹아 있던 물질만 남게 되지요.

079 슬라임의 정체는 무엇일까요?

한 아이가 알록달록한 색의 슬라임 여러 개를 가지고 놀고 있어요. 주물럭거리고 이 손 저 손 옮겨가며 반죽을 하지요. 풍선처럼 잔뜩 부풀어 오르게도 하네요.

물처럼 담는 그릇 모양대로 변하다가도 만지면 고체 느낌이 나는 흔히 액체괴물이라고 하는 슬라임은 도대체 무엇일까요? 고체일까요, 액체일까요?

물질은 크게 고체, 액체, 기체 이 세 가지 상태로 나누어져 존재해요. 친구들이 앉아 있는 교실의 책상과 의자를 생각해 보면, 누가 만지거나 건드리지 않는다면 언제나 그 자리에 똑같은 모습으로 있어요. 이처럼 일정한 모양과 부피를 가지는 상태를 고체라고 해요. 고체는 항상 같은 모습을 하고 있지요. 연필, 스마트폰, 쇠구슬, 가위 등 주변에서 흔히 볼 수 있는 대부분의 물체가 고체랍니다.

액체라고 하면 대표적으로 떠오르는 것이 물이에요. 액체는 일정한 형태 없이 담는 그릇에 따라 모양이 달라지죠. 컵, 그릇, 쟁반 등 어디에 담느냐에 따라 모양이 변해요. 하지만 양은 변하지 않아요. 힘을 가해도 부피가 줄어들지 않지요. 물, 주스, 커피, 콜라처럼 우리가 마신다고 표현하는 것들은 모두 액체라고 할 수 있어요.

 마지막으로 공기와 같은 상태가 기체예요. 기체는 만져지거나 손으로 잡을 수 없어요. 일정한 모양도 없고 쉽게 퍼지지요. 기체는 어딘가에 담겨 있더라도 힘을 가하면 부피가 쉽게 줄어들어요.

 그렇다면 슬라임은 고체, 액체, 기체 중 어떤 것에 속할까요? 슬라임은 탄성이 강한 액체로 분류할 수 있어요. 하지만 고체의 성질을 조금 가지고 있다고도 할 수 있지요. 독특한 성질 만큼 유해한 성분이 있을 수도 있으니 조심해야 하는 건 잊으면 안 된답니다.

080 용액은 어떻게 분류하면 좋을까요?

주변에 있는 용액들을 모아보세요. 무엇이든 상관없어요. 엄마가 좋아하는 커피, 내가 좋아하는 콜라, 사이다, 요리할 때 쓰는 간장이나 식초, 레몬즙, 화장실에 있는 샴푸, 린스…. 무척 많은 용액이 모였네요. 이제 이 용액들을 어떻게 분류하면 좋을까요? 또 분류하기 좋은 방법은 무엇일까요?

먼저 먹을 수 있는 것과 먹을 수 없는 것으로 분류해 볼까요? 그럼 먹을 수 있는 커피, 콜라, 사이다, 간장, 식초, 레몬즙 그리고 먹을 수 없는 샴푸, 린스 등으로 나눌 수 있어요.

또 맛있는 것과 맛없는 것으로도 나눌 수도 있겠네요. 맛있는 것은 커피, 콜라, 사이다 그리고 맛없는 것은 간장, 식초, 레몬즙 등으로 나눌 수 있지요. 왠지 확신이 들지 않네요. 왜냐하면 이 방법은 과학적으로 좋은 방법이 아니기 때문이죠. 맛있는 것과 맛없는 것을 분류하는 기준은 매우 주관적이어서 사람마다 다를 수밖에 없어요.

분류를 제대로 하려면 기준이 객관적이고 명확해야 해요. 투명한 것과 투명하지 않은 것, 색깔이 있는 것과 없는 것, 흔들었을 때 거품이 나는 것과 그렇지 않은 것 등 누가 분류해도 같은 답이 될 수 있어야 하죠. 그래야 좋은 기준과 분류라 할 수 있어요.

그래서 사람들은 용액을 분류할 수 있는 좋은 기준을 정했어요. 그것이 바로 산성과 염기성이에요. 이 방법은 깨끗한 물을 ph7이라고 정하고, pH0(산성)부터 pH14(염기성)까지로 나눠 분류한 것이에요. 이 기준에 따라 액체들을 산성과 염기성으로 나누는데, 양끝으로 갈수록 성질이 더 강해진답니다.

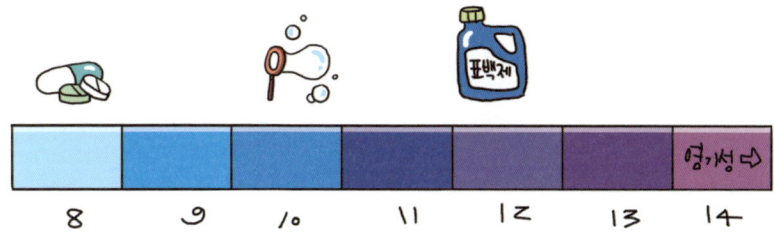

081 산성과 염기성을 쉽게 알아낼 수 있다고요?

투명한 유리컵에 물이 찰랑찰랑 흔들거려요. 이 물을 옆에 두었던 빈 컵에 붓자 갑자기 물이 빨갛게 변하네요. 눈앞에서 펼쳐진 신기한 마법 같아요. 하지만 이것은 마법이 아니라 산성과 염기성을 알아내는 지시약의 과학이 숨겨져 있는 거예요.

용액은 산성과 염기성으로 나뉘지만 눈으로 봐서는 잘 알 수가 없어요. 그래서 사람들은 산성과 염기성을 쉽게 구분할 수 있도록 지시약을 찾았어요. 지시약은 산성과 염기성을 만나면 색깔이 바뀌어 그 용액이 무엇인지 알게 해주죠. 그럼 지시약에는 어떤 것이 있을까요?

가장 많이 알려진 지시약은 리트머스 종이에요. 리트머스이끼를 이용해서 만들었는데, 푸른색과 붉은색 두 가지가 있어요. 푸른색 리트머스 종이에 산성 용액을 묻히면 붉은색으로 바뀌고, 붉은색 리트머스 종이에 염기성 용액을 묻히면 푸른색으로 바뀌지요.

페놀프탈레인이라는 용액도 있어요. 이 용액은 산성에서는 아무 변화가 없지만 염기성을 만나면 붉은색으로 변해요. 조금 전 실험에 사용했던 액체는 물이 아니라 페놀프탈레인 용액이었던 거예요. 염기성 용액을 빈 컵에 미리 발라 놓고 페놀프탈레인 용액을 부어 빨갛게 변하게 한 거지요.

자연에서 볼 수 있는 천연 지시약도 많아요. 대표적인 것이 붉은 양배추 용액이에요. 물에 붉은 양배추를 담가 가열한 이 용액은 산성을 만나면 빨갛게 변하고 염기성에는 푸른색이나 노란색으로 변해요.

이런 지시약을 이용해 나와 상대만 알 수 있는 비밀 편지도 쓸 수 있어요. 산성이나 염기성 용액으로 글씨를 써서 편지를 주면, 상대가 지시약을 떨어뜨려 숨겨진 글씨를 찾아내면 된답니다.

082 산성과 염기성이 만나면 어떻게 될까요?

유적지를 찾았을 때 간혹 유리로 문화재를 막아놓은 걸 본 적이 있을 거예요. 서울에 있는 원각사지십층석탑도 이렇게 유리로 막아놓았어요. 우리나라뿐만 아니라 문화재를 유리로 막아놓은 모습은 세계 곳곳에서 볼 수 있어요. 왜 그럴까요?

요즘 비는 대기오염으로 인해 산성화가 많이 되어서 산성비라고도 불러요. 비가 산성 용액의 성질을 가지고 있는 거죠. 산성 용액은 대리석 조각을 부식시켜요. 산성비 역시 돌로 된 문화재에 나쁜 영향을 끼치기 때문에 유리로 막아놓은 거예요. 안타깝게도 파르테논 신전 같은 대리석 건축물들이 이런 산성비로 훼손되어 녹아내린다고 하네요.

염기성은 산성과 달리 대리석에는 아무런 반응을 하지 않지만 대신 달걀흰자나 두부를 흐물흐물하게 만들지요.

이렇게 독특한 성질을 가진 산성과 염기성이 만나면 어떻게 될까요? 아주 센 산성과 아주 센 염기성을 섞는다면 말이죠.

신기하게도 둘은 점점 자신의 성격을 누그러뜨려요. 이것을 중화라고 하죠. 산성에 염기성을 넣으면 산성의 성질이 약해지고 염기성에 산성을 넣으면 염기성의 성질이 약해진답니다.

이런 산성과 염기성의 특징은 생활에서 많이 이용되고 있어요. 산성이 강한 곳에는 염기성을 사용하고 염기성이 강한 곳에는 산성을 사용해 중화시키는 거예요. 예를 들어 속이 쓰릴 때는 염기성으로 된 약을 먹어 속을 가라앉혀요. 위에서 나오는 액이 강한 산성이기 때문이에요. 또 생선의 비린내는 염기성이어서 산성인 레몬즙을 뿌려 냄새를 잡지요. 화장실 변기에 묻은 때는 염기성이어서 산성인 세제를 이용하면 깨끗하게 잘 닦인답니다.

083 용액의 진하기는 어떻게 알 수 있나요?

마트에 가면 오렌지, 포도, 당근, 감귤, 망고 등 화려한 색깔의 주스들이 늘어서 있어요. 이 가운데 오렌지주스를 고르려고 해요. 이런…. 오렌지주스도 종류가 너무 많고 만드는 회사도 다양하네요. 이 많은 오렌지주스 중 어떤 것이 맛있을지 미리 알 수 있는 방법은 없을까요?

오렌지주스가 맛있으려면 오렌지가 많이 섞여 있어야 해요. 주스는 진해야 맛있기 때문이죠. 그렇지 않고 연하면 밍밍하거나 맛이 없을 거예요. 이것을 주스의 진하기라고 하는데, 보통 농도가 숫자로 표시되어 있어요. 색깔이 있는 용액은 농도가 높을수록 색깔이 진해요. 농도 수치와 색깔을 비교하면 높은 농도를 찾아낼 수가 있지요.

하지만 색깔이 없는 용액도 있어요. 또 진하기를 나타내는 수치가 없을 수도 있죠. 그럴 때는 어떻게 용액의 진하기를 알 수 있을까요? 예를 들어 소금물이 각각 다르게 녹아 있는 3개

의 비커 가운데 맛을 보지 않고 진한 것을 찾을 수 있는 방법은 무엇일까요? 이럴 때는 메추리알 같은 물체를 넣어봐서 가장 위쪽으로 뜨는 것이 가장 진한 소금물이라고 생각하면 된답니다.

일반 바닷물보다 훨씬 많은 소금이 녹아 있는 사해에는 사람이 둥둥 잘 뜬다고 해요. 용액의 농도가 높으면 높을수록 물체는 잘 뜨지요.

용액과 용질의 양을 알고 있다면 이것을 계산해 용액의 진하기를 구할 수도 있어요. 용액과 용질의 양을 측정해 진하기를 직접 계산하는 거죠.

용액의 진하기(%)=용질의 양/용액의 양×100

이 방법으로 샘플을 측정해 바닷물의 진하기를 계산해 보면 바다의 염분농도는 3.5%, 사해의 농도는 30%랍니다.

084 무게에 대해서 알아볼까요?

"진짜 무겁다니까."

"거짓말이야! 내가 진짜 무거운 거라고!"

오락 프로그램에 나온 몇 명의 연예인들이 얼굴을 찡그리며 서로 자기가 들고 있는 게 무겁다고 해요. 진짜 무거운 물체를 든 사람은 단 한 명뿐인데 말이죠. 표정만 봐서는 정말 알 수가 없네요.

가벼운 물체는 아무렇지도 않게 들지만 무거운 물체를 들면 무게 때문에 자연스럽게 표정이 찡그려져요. 이렇게 어떤 물체가 가진 무거움의 정도를 무게라고 하지요.

일상생활 중에도 무게를 잴 일은 참 많아요. 우체국에서 택배를 보낼 때도 무거울수록 가격이 달라지죠. 식당에서 회를 먹을 때도 물고기의 무게에 따라 가격이 정해져요. 운동경기를 할 때도 사람의 몸무게에 따라 체급을 나누어서 경기를 하지요. 만약 체급을 나누지 않는다면 체격 차이가 너무 나 결과가 보나마나 너무 뻔한 시시한 시합이 될 거예요. 그래서 무게를 정확히 재는 것이 무척 중요해요. 무게가 정확해야 여러 상황에서 공정함이 유지되기 때문이에요.

 무게는 지구가 끌어당기는 힘을 나타낸 거예요. 즉 지구의 중력과 관계가 있지요. 정확히 말하면 무게가 60kg이면 60kg만큼, 30kg이면 30kg만큼 지구가 끌어당긴다는 의미예요. 그래서 중력이 $\frac{1}{6}$인 달에서 무게를 재면 지구 무게의 $\frac{1}{6}$밖에 되지 않아요. 몸무게가 60kg이라면 달에서는 10kg이라는 말이에요.

 정확한 무게의 단위는 중력과의 관계를 나타내는 kg중, g중이지만 생활에서는 '중'을 빼고 kg, g이라 부를 때가 많답니다.

085 수평을 이루려면 어떻게 해야 할까요?

놀이터에서 시소 타는 것을 좋아하나요? 시소는 몸무게가 비슷한 친구들끼리 타면 균형이 맞아 재미있게 탈 수 있어요. 땅에 발을 디디면서 세게 구르면 이리 쿵 저리 쿵 시소가 신나게 움직이지요.

하지만 어른이 같이 타면 달라져요. 무게가 많이 차이 나면 수평이 맞지 않아서 한쪽으로만 쏠리게 되지요. 그럴 땐 어른이 시소의 안쪽에 앉아 균형을 맞추지요. 이것은 모두 수평잡기와 관련이 있어요. 수평대를 이용하여 수평잡기의 원리에 대해 생각해 보도록 해요.

준비물은 받침점과 나무토막, 숫자가 그려진 나무판자예요. 나무판자 가운데 밑에 받침점을 두고 똑같은 크기의 나무토막을 양쪽으로 올려 수평을 잡아 봐요. 양쪽이 평평하게 수평을 이루려면 어떻게 해야 할까요?

나무토막의 무게가 같을 때는 받침점에서 양쪽으로 똑같이 떨어진 거리에 나무토막을 두면 수평이 되겠죠. 그럼 물체의 무게가 다른 경우에는 어떻게 해야 할까요? 무거운 물체는 받침점에서 가까운 곳에 두고, 가벼운 물체는 받침점에서 멀리 두면 수평을 이룰 수 있어요.

이것을 응용하여 수평을 정확하게 계산할 수도 있어요. 물체의 무게에 받침점까지의 거리를 곱해서 비교하는 거죠. 예를 들어 받침점에서 20cm 떨어진 곳에 200g의 나무토막을 올려놓으면, 10cm 떨어진 곳에 400g의 나무토막을 놓으면 수평이 맞게 되지요($20 \times 200 = 10 \times 400$). 두 식을 곱한 계산 결과가 같으면 수평을 이루지만 다를 때는 값이 큰 쪽으로 기울게 된답니다.

086 무게를 재는 방법에는 어떤 게 있나요?

정의의 여신상이라고 들어 보았나요? 정의를 상징하는 여신으로 우리나라 대법원에 가면 볼 수 있어요. 정의의 여신은 한 손에는 저울을 들고 한 손에는 법전을 들고 있어요.

정의의 여신이 들고 있는 저울의 이름은 양팔저울이에요. 수평잡기의 원리로 만들어지는 저울인데, 양쪽에 물체를 올려놓으면 무거운 물체 쪽으로 기울어지죠. 정의의 여신이 이 양팔저울을 들고 있는 건, 법에 따라 어느 한쪽으로 치우침 없이 법을 공정하게 집행하라는 의미라고 해요.

물체 하나의 무게를 잴 때는 양팔저울이 아닌 용수철저울을 사용해요. 용수철저울은 용수철이 무게에 따라 일정하게 늘어나는 성질과 원래대로 돌아가려는 성질인 탄성을 이용해 만든 저울이에요. 무거운 물체를 달면 많이 늘어나고 가벼운 물체를 달면 적게 늘어나 무게를 잴 수 있죠. 몸무게를 잴 때 사용하는 체중계, 무게를 잴 때 이용하는 저울 등도 용수철이 저울

속에 들어 있어요.

하지만 용수철저울은 용수철이 늘어나는 범위 안에서만 측정이 가능해요. 너무 가볍거나 지나치게 무거우면 무게를 재기가 힘들죠. 그래서 좀 더 정밀하고 폭넓은 범위까지 잴 수 있는 전자저울을 이용하기도 해요. 전자저울을 이용하면 더 자세하고 작은 단위까지 물체의 무게를 잴 수 있어요. 약품이나 가루 같은 작은 무게의 물체도 잴 수 있답니다.

요즘에는 액체 속에 떠다니는 세포의 무게나 머리카락 두께 정도의 작은 입자까지도 잴 수 있는 기술이 개발되었다고 해요. 저울의 발달만 살펴봐도 과학이 무척 발전했음을 알 수 있지요.

087 지구를 들어 올리겠다고요?

"나에게 기다란 막대기만 준다면 나는 지구를 들어올릴 수 있다."

혹시 이 말을 들어본 적이 있나요? '지구를 들어올린다고? 조금 장난이 심하군.' 어이없어 하는 친구들도 있을 것 같네요. 하지만 이 말을 한 사람은 장난꾸러기 어린이가 아닌 역사상 가장 위대한 수학자라고 불린 아르키메데스예요. 아르키메데스는 어떤 생각으로 이런 말을 했을까요?

과연 나를 들어올릴 수 있을까?

사람은 도구를 쓸 줄 알지.

이 말은 지레의 원리를 알 때 이해할 수 있어요. 지레는 일상생활에서 무거운 물체를 작은 힘으로 들어올리기 위해 사용하는 도구예요. 긴 막대기와 이걸 받치는 작은 물건 하나로 지레를 쉽게 만들 수 있죠. 커다란 돌이 땅에 있을 때 막대기를 돌 아래에 넣고 들어올리는데, 이게 바로 지레를 이용하는 거랍니다.

지레의 원리를 살펴보면 사람이 지레를 누르는 곳을 힘점, 무거운 물체가 들리는 곳을 작용점, 지레를 받치는 곳을 받침점이라고 해요. 힘점부터 받침점까지의 거리가 멀고 받침점에서 작용점까지가 가까울수록 아주 작은 힘으로도 무거운 물체를 들어올릴 수 있게 되죠.

아르키메데스는 이 원리를 깨우치고 지구도 들어볼 테니 막대기만 달라고 큰소리를 쳤어요. 하지만 우주까지 나가는 긴 막대기는 없을 테니 현실적으로는 어려운 일이죠. 일상생활에서 박혀 있는 못을 망치로 빼거나 병따개로 병의 뚜껑을 따는 것 등이 모두 지레의 원리를 이용한 것이랍니다.

088 무거워도 물에 뜨는 방법이 있다고요?

　우리 주변의 여러 가지 물체들을 물에 던지면 어떻게 될까요? 어떤 물체는 물에 뜨고 어떤 물체는 물에 가라앉을 거예요. 예를 들어 나무 조각이나 플라스틱 장난감은 물에 뜨겠지만 쇳조각이나 벽돌 등은 가라앉겠죠. 얼핏 보면 물에 가라앉은 물체는 물에 뜨는 물체보다 훨씬 무거워 보이네요.

　하지만 바다에 떠다니는 배를 보면 이야기가 달라져요. 배는 두꺼운 철판으로 되어 있는데, 사람이나 짐을 가득 싣고도 물에 아주 잘 뜨죠. 철로 만든 조그만 못이나 열쇠 같은 것은 물에 쏙 빠지는데 무게가 엄청나게 나가는 대형 배들은 어떻게 물에 뜰 수 있는 걸까요?

　혹시 여러분은 물속에서 커다란 돌멩이나 사람을 들어본 적이 있나요? 이상하게도 공기 중보다 훨씬 가볍게 느껴져요. 실제로 용수철저울로 무게를 재면 공기 중에서보다 물속에서 훨씬 가벼워지죠. 이것은 물속에서는 물체를 뜨게 하는 힘이

있기 때문이에요. 이것을 부력이라고 해요. 부력은 물속에 잠기는 물체의 부피만큼 물체를 위로 뜨게 하는 힘이지요.

철로 만든 배가 물에 뜨는 이유도 이와 같아요. 가라앉으려는 배의 무게보다 부력을 더 크게 하면 뜨는 거죠. 즉 배를 만들 때 물에 잠기는 부피를 크게 설계하면 아무리 무게가 많이 나가더라도 물에 잠기는 부피만큼 밀어내는 부력의 힘으로 뜰 수 있는 거예요.

이 부력을 발견한 사람도 지레로 지구를 들 수 있다고 큰소리친 아르키메데스예요. 그는 이 원리를 알아내 세공업자가 몰래 은을 섞어 놓은 왕의 순금 금관의 정체를 밝혀냈죠. 목욕탕에서 이것을 깨닫고 '유레카'라고 하며 벌거벗은 채 뛰어나온 걸로 유명하답니다.

089 일을 쉽게 하는 좋은 방법을 찾았다고요?

학교나 관공서에는 국기 게양대에 태극기가 높이 휘날리고 있어요. 사람들은 어떻게 그렇게 높은 곳에 태극기를 매달 수 있었을까요?

이때 사용되는 도구가 도르래예요. 도르래는 물체를 쉽고 효율적으로 들어올리기 위해 사용하는 바퀴처럼 생긴 기구예요. 방금 말한 국기 게양대의 꼭대기에도 도르래가 설치되어 있어요. 위에서 직접 줄을 당기지 않아도 밑에서 손쉽게 물체를 위로 끌어올릴 수 있지요. 이와 같은 도르래를 고정도르래라고 해요. 우물에 있는 두레박, 창가에 쳐진 블라인드 모두 고정도르래가 사용된 것이죠.

고정도르래 말고 움직도르래도 있어요. 고정도르래는 한 곳에 고정되어 움직이지 않지만 움직도르래는 물체에 함께 매달려 있어요. 그래서 물체와 움직이게 되는데 물건을 작은 힘으로도 들어올릴 수 있게 만들어줘요. 무거운 것을 들어올리는 크레인에는 움직도르래를 달아서 훨씬 가볍게 물체를 들어올릴 수 있지요. 이 도르래가 하나 매달려 있을 때마다 무게는 $\frac{1}{2}$만큼 줄어든다니 엄청 편리할 것 같아요.

  이런 원리를 깨우친 정약용은 수원화성을 지을 때 고정도르래와 움직도르래를 각각 4개씩 넣은 거중기라는 도구를 만들었어요. 그래서 7,200kg이나 나가는 거대한 돌도 아주 거뜬히 들 수 있었다고 해요. 10년 동안 쌓으려고 했던 수원화성을 2년 반 만에 만들어버린 1등 공신이었죠.

  이렇듯 도르래는 사람이 일을 쉽게 할 수 있도록 만든 기구예요. 힘의 방향을 바꾸어주거나 크기를 줄여주는 아주 효과적인 장치랍니다.

위치를 제대로 설명해 볼까요?

'지금 출발하려는데, 너의 집 어떻게 가면 돼?'

친구 집에 놀러 가기로 약속해서 위치를 물어보려고 카톡을 했어요.

'400번 버스 종점에 있는 학교 건너편이야.'

'종점에 학교가 4개나 있는데….'

'한국초등학교 건너편.'

'거긴 사거리야. 어느 쪽을 말하는 거야?'

'그러네. 학교 정문에서 동쪽 방향으로 500m 정도 오면 돼.'

장소를 알려줄 때는 빠트리지 말고 꼭 알려줘야 할 것들이 있어요. 먼저 서로 잘 아는 곳을 정한 후 기준에 따라 어느 쪽으로 얼마만큼 떨어져 있는지를 이야기해야 해요. 이것을 기준점, 방향, 거리라고 하지요.

기준점을 정할 때는 서로 잘 알고 있고, 움직이지 않아야 해요. 기준점이 시간에 따라 움직이거나 나만 알고 있다면 좋은 기준점이 될 수 없어요. 방향은 동서남북이나 좌우, 시계 방향 등으로 설명할 수 있어요. 동서남북은 기준점을 중심으로 숫자 4와 같은 모양을 그린 후 써 넣으면 되지요. 또 우리가 흔히 보는 시계의 시간을 참고로 해서 방향을 이야기하기도 하죠.

 방향이 정해지면 그다음에는 얼마나 떨어져 있는지 거리를 이야기하면 돼요. '학교 정문에서 동쪽 방향으로 100m 떨어진 거리' 혹은 '○○슈퍼에서 1시 방향으로 20m' 이렇게 설명해야 한답니다.

091 물체의 빠르기는 어떻게 비교할까요?

세발가락 나무늘보, 불가사리, 정원 달팽이, 코끼리 거북, 코알라 곰

이중 가장 느린 동물은 누구일까요?

세상에서 가장 느린 동물들이라고 해요. 이들의 속력을 비교하면 코알라 곰 > 코끼리 거북 > 정원 달팽이 > 불가사리 > 세발가락 나무늘보 순이랍니다. 나무늘보는 시간당 5m 이하의 속력으로 움직이며 하루 동안 움직이는 거리가 30m도 되지 않는다고 해요.

이런 나무늘보에게 운동 좀 하라고 잔소리를 하면 나무늘보는 뭐라고 대답할까요? 아마 이렇게 말할 거예요.

"느리긴 하지만 나도 나름 열심히 운동하고 있다고!"

과학에서 운동은 시간이 지나며 물체의 위치가 달라진 것을

말해요. 한 시간에 1m를 움직인 것이나 1km를 달린 거나 모두 운동을 한 거지요. 운동하는 물체는 저마다 빠르기를 가지고 있어요. 우리는 이 빠르기를 비교할 수 있죠. 어떤 방법으로 비교할 수 있을까요?

첫 번째는 같은 거리를 정해두고 걸린 시간을 비교하는 거예요. 시간이 짧을수록 더 빠른 것이죠. 100m 달리기를 해 순위를 가리는 방법과 같아요.

두 번째는 같은 시간에 얼마나 많이 갔는지를 비교하는 거예요. 정해진 시간 안에 움직인 거리를 따져보는 것이죠. 10분에 20km를 가는 자동차와 5km를 가는 자전거를 비교하면 자동차가 훨씬 빠르다는 것을 알 수 있어요. 빠르기를 쉽고 정확하게 나타내기 위해 사용하는 것이 속력이에요. 1시간 동안 간 거리를 시속, 1분 동안 간 거리를 분속, 1초 동안 간 거리는 초속이라고 한답니다.

092 자유자재로 속력을 바꾸어 볼까요?

"난 나무를 송두리째 뽑아버릴 만큼 위력이 세. 사람들은 나를 만나면 벌벌 떨지. 내가 너보다 더 빠른 게 확실해."

"사람들은 정말 급할 때 나를 타. 이름에도 들어 있잖아, 고속이라고. 난 정말 쏜살같이 달리거든."

바람과 고속열차가 서로가 더 빠르다고 열을 내고 있어요. 하지만 누가 더 빠른지 그냥 비교하기는 힘들어요. 그때 옆에 있던 바위가 말했어요.

"그러지 말고 속력을 비교해 봐."

바람은 초속 60m, 고속열차는 시속 360km라고 하네요. 누가 더 빠른 걸까요? 물체의 빠르기를 나타낼 때 사용하는 속력은 단위시간당 간 거리예요. 하지만 속력의 단위가

다를 때는 쉽게 비교가 안 되지요. 이럴 때는 어떻게 해야 할까요?

 시속 360km라는 말은 한 시간에 360km를 갈 수 있다는 뜻이에요. 초속 60m라는 말은 1초에 60m를 간다는 뜻이지요. 단위가 같다면 숫자가 클수록 더 빠를 텐데 단위가 같지 않으니 먼저 단위를 하나로 통일해서 나타내야 해요. 바람과 고속열차의 속력을 초속이나 시속 중 하나로 맞추는 거죠.

 바람의 초속 60m를 시속으로 바꾸면 212km가 되고, 고속열차의 시속 360km를 초속으로 바꾸면 초속 100m가 되네요. 1시간은 60분이고 이를 초로 만들면 3,600초니까 초속을 시속으로 바꿀 때는 3,600을 나눠주고, 시속을 초속으로 바꿀 때는 3,600을 곱해주는 거예요. 그리고 단위를 맞게 바꿔주세요. 이제 고속열차가 바람보다 더 빠르다는 걸 한눈에 비교할 수 있게 되었답니다.

093 에너지가 쓰이는 곳은 어디일까요?

에너지는 일을 하게 하는 힘이에요. 에너지는 우리 생활 곳곳에서 다양하게 이용되고 있는데, 사람들은 상황에 따라 에너지 이름을 다르게 부른답니다.

먼저 어두운 곳을 밝혀주는 역할을 해요. 공원에 있는 가로등이나 집에 있는 전등, 밤바다를 비추는 등대의 불빛처럼 말이죠. 이때는 빛에너지라고 불리죠.

뜨겁게 달아오르면 물질을 태우기도 하고 추운 사람들에게 따뜻한 온기를 전해주기도 해요. 또 냄비에 있는 물을 끓이고, 쭈글쭈글 구겨진 옷들을 다려주기도 하지요. 이럴 때 불리 이름은 열에너지예요.

난 빛에너지!

위치에너지라고 불릴 때는 높은 곳에 있는 것 자체만으로도 큰 힘을 가져요. 선반 위에 유리컵이 있을 때 떨어지면 깨지죠. 높은 곳에서 떨어지는 폭포수의 위력도 대단해요. 높은 곳에 있으면 있을수록 위치에너지는 커지게 되지요.

움직이는 것들이 가지는 것은 운동에너지예요. 달리는 자동차는 빠르게 달리면서 힘이 생기고, 축구선수가 찬 축구공은 총알같이 날아가 멋지게 골대로 빨려 들어가지요.

전기로 쓰는 제품들에도 에너지가 있어요. 콘센트를 꽂고 스위치를 켜면 에너지가 생기면서 작동이 되지요. 텔레비전이나 전등이 켜지는 것 등은 전기에너지 덕이에요.

에너지는 생활 속에서 다양한 이름으로 이용되고 있답니다.

난 위치에너지!

094 에너지 전환이 무엇일까요?

놀이동산에 가면 사람들의 비명소리가 끊임없이 들리는 곳이 있어요. 바로 롤러코스터죠. 처음 시작할 때는 아주 천천히 올라가다가 꼭대기에 다다른 순간 미끄러지듯 쾌속 질주가 시작되지요.

이 짧은 순간에 우리는 다양하게 에너지가 바뀌는 모습을 찾을 수 있어요. 롤러코스터를 상상하면서 여러 에너지가 어떻게 바뀌는지 살펴볼까요?

롤러코스터는 처음에는 전기로 움직여요. 전기의 힘으로 꼭대기까지 올라가죠. 가장 높은 곳에 올라가면 위치에너지가 가장 높아요. 제일 마음이 조마조마한 순간이죠. 그리고 그곳에서부터 엄청난 속도의 운동에너지로 쏜살같이 내려가요. 전기에너지 → 위치에너지 → 운동에너지 순으로 에너지가 바뀌는 거예요. 이처럼 어떤 에너지가 다른 에너지로 형태가 바뀌는 것을 에너지 전환이라고 해요.

우리의 일상에서는 이처럼 에너지가 바뀌는 경우를 쉽게 찾아볼 수 있어요. 전기를 꽂아 사용하는 많은 기구는 전기에너지가 다른 에너지로 바뀌면서 작동하게 되지요. 날개가 돌아가면서 시원한 바람을 내뿜는 선풍기는 전기에너지가 운동에너지로 바뀌는 거예요. 어두울 때 방을 밝혀 주는 전등은 전기에너지가 빛에너지로, 뜨거운 다리미는 전기에너지가 열에너지로 바뀌죠. 또 높은 곳에서 시원한 물줄기를 뿜내며 요란하게 떨어지는 폭포수는 위치에너지가 운동에너지로 바뀌고, 손을 열심히 비벼 따뜻해지는 건 운동에너지가 열에너지로 바뀌는 거예요.

이처럼 에너지는 모습이 계속해서 바뀌지만 사라지지는 않아요. 그래서 에너지 총량은 언제나 같답니다.

095 어떻게 철은 자석에 철썩 붙는 걸까요?

장난감 낚시놀이를 하면 낚싯대를 물고기 근처에 가져가기만 해도 척하니 낚싯바늘에 달라붙어요. 물고기들은 어떻게 낚싯대에 철썩 붙는 걸까요?

그 비밀은 낚싯대 끝에 있는 조그만 물체가 가진 비밀 때문이에요. 그 물체는 바로 자석이죠. 자석의 어떤 성질 때문에 물고기 잡기가 가능한 걸까요?

모든 자석은 철로 된 물체를 무척 좋아해요. 그래서 철로 된 물체를 만나면 모두 달라붙게 하고 끌어당겨 버리죠. 자석 힘이 세면 셀수록 철로 된 물체를 많이 당길 수 있어요. 수십 개

의 클립도 끄떡없이 달라붙죠. 하지만 플라스틱, 종이, 나무 등 철로 되지 않은 물체는 자석에 붙지 않아요.

　자석은 모두 N극과 S극을 가지고 있어요. 자석은 같은 극끼리는 서로 밀어내고 다른 극끼리는 서로 붙으려고 하죠. 자석이 가까이 있을 때, 바로 철썩 붙는 경우도 있지만 요리조리 돌다가 달라붙는 경우도 많이 보았을 거예요. 이게 모두 자석이 가지고 있는 N극과 S극 때문이에요. 만약 자석이 부러지면 부러진 조각에서 다시 N극과 S극이 만들어진답니다.

　자석의 이런 성질과 힘을 자성이라고 해요. 우리는 일상생활에서 이런 자석의 자성을 활용하지요. 냉장고 문에는 자석이 있어 늘 자동으로 닫히죠. 자석 칠판은 수업시간에 편리하게 이용되고, 여러 장난감이나 드라이버 같은 생활도구에도 쓰여요. 만 원짜리 지폐 숫자에는 자석가루를 섞어 인쇄해 위조지폐를 방지한다고 해요.

096 자기부상열차가 뜨는 원리는 무엇일까요?

　비행기도 아닌 열차가 날아가는 걸 봤나요? 시끄러운 소리도 없이 움직이죠. 타고 있는 사람이나 보는 사람이나 신기하긴 마찬가지예요. 이 하늘을 나는 기차는 바로 자기부상열차예요. 친구들도 들어본 적이 있지요? 자기부상열차가 어떤 원리로 뜨는지 알아봐요.

　자기부상열차는 레일 위를 떠서 움직이는 기차예요. 바퀴로 움직이지 않고 공중으로 떠서 가다니 너무 신기하네요. 공중에 떠서 가니 아주 빠르게 움직이고, 바퀴가 굴러가며 나는 소음이나 흔들리는 진동도 없어요.

　자기부상열차는 전자석의 성질을 이용해요. 전류가 흐르면서 열차의 바닥과 레일을 서로 같은 자석의 극으로 만들어, 같은 극끼리는 서로 밀어내는 성질을 이용해 기차를 뜨게 만드는 것이죠.

　이렇게 전류가 흐를 때만 자석이 될 수 있도록 한 것을 전자석이라고 해요. 평상시는 그냥 철과 같지만 전류가 흐르면 자석의 성질을 띠게 되지요. 스위치를 한 번 켜는 것으로 철이 자석이 된다니 무척 편리할 것 같아요.

전자석을 만드는 방법은 아주 간단해서 친구들도 충분히 만들 수 있어요. 에나멜선을 쇠에 감은 후 회로를 구성해 전류를 흐르게 하면 된답니다. 이때 흐르는 전류의 방향을 바꾸면 극도 바뀌게 되지요. 또 자석의 세기도 쉽게 조절할 수 있어요.

이러한 편리함 때문에 전자석은 일상생활에서 많이 사용되지요. 고물상 같은 곳에서 철로 된 물체들을 끄집어낼 때 집게에 전류를 흐르게 해서 자석 성질을 갖게 해 철을 붙여 내지요. 그리고 세탁기, 초인종, 스피커 안에도 모두 전자석이 들어 있답니다.

097 전기에 대해서 궁금하다고요?

'번쩍!'

빛이 밤하늘을 순식간에 가르며 허공에 내리꽂혀요. 그리고 얼마 뒤 우르릉 쾅쾅하는 굉음이 들리지요. 어마어마한 빛과 열을 내며 우리에게 보이는 번개의 모습이에요.

한겨울 물체를 만지는 순간 갑자기 강하게 찌릿할 때가 있어요. 정전기 때문인데, 깜짝 놀라 손을 떼게 되지요. 옷을 입거나 머리를 빗을 때 정전기가 느껴지기도 해요. 둘 다 자연에서 발생하는 전기적인 현상이에요. 사람들은 왜 이런 것들이 생기는지, 어떤 원리로 발생하는지 궁금했어요.

아이고, 깜짝이야. 정전기!

전기는 전자들의 움직임에 의해 나타나는 힘이에요. 전기는 발전기를 돌리면서 만들어져요. 발전기는 강한 자석과 커다란 코일뭉치로 되어 있는데, 이런 발전기가 돌아가면서 찌릿찌릿 전기가 발생하지요.

 발전기를 돌리는 방법에는 여러 가지가 있어요. 가장 흔한 방법은 석탄을 이용하는 거예요. 석탄을 태워서 물을 끓이고 이때 나오는 증기로 발전기를 돌리죠. 이게 바로 화력발전이에요. 댐과 같은 높은 곳에서 떨어지는 물의 힘으로 발전기를 돌리는 수력발전도 있고, 핵을 이용해서 돌리는 원자력발전도 있지요. 또 바람을 이용하거나 태양열을 이용하기도 해요. 우리나라의 발전소 이용률 1위는 화력, 2위는 원자력, 3위가 수력이에요. 하지만 요즘 환경오염 문제가 심각해져 환경과 안전을 생각한 지열, 압전, 태양광 등 다양한 발전 방법이 연구되고 있어요.

 발전소에서 만들어진 전기는 저마다의 가정으로 보내져요. 하지만 발전소에서 집까지는 아주 멀기 때문에 한 번에 보내기는 어려워요. 또 규모가 작은 집으로 바로 들어가기에는 너무 센 전기죠. 그래서 중간에 변전소를 거쳐 집까지 도착하도록 도와준답니다.

098 전구에 불을 켜서 방 탈출해 볼까요?

'불을 켜고 이 방을 탈출하라.'

지금 컴컴한 방에 갇혀 탈출 게임을 하고 있어요. 아무것도 보이지 않고 전기도 들어오지 않는 곳이에요. 각자의 힘으로 불을 밝혀 이곳을 탈출해야 해요. 책상 위에는 작은 전구를 켤 수 있는 기구들이 있어요. 전지와 전선 그리고 꼬마전구와 스위치예요. 어떻게 하면 전구에 불을 켜서 방을 탈출할 수 있을까요?

먼저 기구들을 살펴봐요. 둥그런 원통 모양의 전지가 보이네요. 양쪽 끝을 보니 한쪽만 볼록하게 튀어나왔어요. +와 −가

쓰여 있고 옆에는 전지를 끼울 수 있는 전지 끼우개가 있어요.

그리고 긴 전선이 있어요. 전선은 매끈매끈한 피복으로 덮여 있고 양쪽 끝에는 집게가 달려 있어요. 집게는 악어 입처럼 길게 나와 있네요.

손톱만큼 아주 작은 전구도 있어요. 꼬마전구 안쪽으로 구불거리는 얇은 선이 연결되어 있어요. 그리고 전구를 끼우는 전구소켓과 스위치도 있네요. 스위치는 손으로 눌렀을 때 전류가 흐르고 떼면 전류가 흐르지 않게 되는 기구에요.

이제 잘 연결해 전기를 통하게 해요. 전지를 전지 끼우개에 바르게 끼워 넣고, 전구는 소켓에 넣어줘요. 전선으로 전지와 전구, 스위치를 연결해요. 악어 입처럼 생긴 전선의 끝부분을 벌려 잘 물게 해주면 되지요.

전기회로 구성을 모두 마쳤어요. 마지막으로 스위치를 누르면 꼬마전구에 반짝반짝 불이 켜졌어요. 전기회로가 바르게 연결된 것 같아요. 이제 어두컴컴한 방안에서 모두 탈출할 수 있게 되었답니다.

099 전지를 오래 쓸 수 있는 방법은 무엇일까요?

문제를 해결하고 방을 나오자, 문 앞에는 또 다른 문제지가 있어요.

'전지 3개로 회로도를 구성해, 가장 밝은 불빛을 만들어라. 불빛을 밝히는 데 성공하면, 전지를 오래 쓰도록 회로도를 바꿔라.'

끝이 아니었던 모양이에요. 어떻게 하면 불빛을 가장 밝게 만들고, 전지를 오래 쓸 수 있게 할까요?

이것은 전지를 어떤 방법으로 연결하느냐에 달려 있어요. 전지를 연결하는 방법에는 직렬과 병렬 두 가지가 있어요. 모든 전선을 한 길로 연결하면 직렬이고, 두 길 이상으로 나누어 연결하면 병렬이 되지요.

그럼 첫 번째 문제부터 해결해 볼까요? 불을 밝게 만들려면 힘을 한곳에 모아야 해요. 전지를 직렬로 연결하면 세기가 한곳으로 모이겠죠? 직렬로 연결하면 불빛은 전지의 수만큼 밝

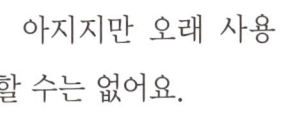

아지지만 오래 사용할 수는 없어요.

전지를 오래 쓰려면 직렬에서 병렬로 바꾸어야 해요. 두 번째 문제 해결 방법이죠. 회로도를 병렬로 바꾸려면 여러 개의 전지를 여러 갈래로 연결하면 되지요. 전구 불빛의 밝기는 전지 1개 때와 같지만 대신 오래 사용할 수 있어요.

이렇게 필요에 따라 직렬과 병렬을 알맞게 구성하면 원하는 대로 더 밝게 밝히거나 오래 사용할 수 있어요.

일상생활에서는 직렬과 병렬 방식이 다양하게 활용되고 있어요. 누전차단기는 직렬로 연결돼서 모두가 한꺼번에 꺼지게 되어 있지요. 크리스마스트리를 장식하는 불빛도 직렬일 때는 하나가 꺼지면 모든 불빛이 한꺼번에 꺼지지만 병렬일 때는 꺼진 전구의 영향을 받지 않는답니다.

100. 전기가 끊어진다면 어떻게 될까요?

어느 날 갑자기 전기로 된 모든 불빛이 꺼진다면 어떻게 될까요? 도시 한복판에 우뚝 서서 빛나던 빌딩의 불빛들이 도미노처럼 꺼져 순식간에 암흑으로 변할 거예요. 모든 신호등도 꺼져 자동차들은 서로 뒤엉켜 아수라장이 되겠죠. 골목길을 밝히던 가로등도 꺼지고, 병원 응급실의 기계들도 멈춰 버려서 환자들은 당장 위험에 빠지고 말 거예요.

슈퍼마켓은 모두 문을 닫아야 하고, 식당도 냉장고가 모두 꺼지면서 재료들이 모두 상해서 더 이상 장사를 할 수 없게 되지요. 아무리 더운 여름이라도 냉방장치를 켤 수 없으니 곳곳이 더위로 몸살을 앓을 거예요. 많은 사람이 건강에 이상을 느끼고 잠을 잘 수도 없게 되지요.

지금은 너무 당연히 사용하고 있는 전기가 없어졌을 때의 모습을 상상해봤어요. 생각만으로도 끔찍한 상황이 아닐 수 없네요.

지금은 전기를 편하게 사용하고 있지만 사실은 무한하게 사용할 수 있는 에너지가 아니에요. 콘센트에 코드만 꽂아서 쉽게 사용한다고 여기지만 사실 전기는 언제라도 끊어질 수 있어요. 언젠가부터 한여름에 무더위로 순간적으로 폭발적인 전기 사용량을 기록하면 '블랙아웃' 현상이 나타났어요. 공급되는 전기보다 사용되는 전기 양이 많아 일시적으로 발생하는 대규모 정전 사태로 심각한 피해를 주지요.
　우리나라는 에너지의 95.2%를 수입하는 나라예요. 그러니 전기 절약은 생활습관이 되어야 한답니다. 우리에게 편리함을 주는 전기, 함부로 낭비하는 습관은 버리도록 해요.

여러분!
전기를 낭비하는 습관은
이제 그만~.

초판 7쇄 2024년 7월 22일
초판 1쇄 2019년 11월 8일

글 김성삼 | 그림 홍나영

펴낸이 정태선
펴낸곳 파란정원
출판등록 제395-2010-000070호
주소 서울특별시 은평구 가좌로 175, 5층
전화 02-6925-1628 | **팩스** 02-723-1629
제조국 대한민국 | **사용연령** 8세 이상 어린이
홈페이지 www.bluegarden.kr | **전자우편** eatingbooks@naver.com
종이 다올페이퍼 | **인쇄** 조일문화인쇄사 | **제본** 경문제책사

글ⓒ2019 김성삼
ISBN 979-11-5868-167-8 74030
    979-11-5868-166-1(세트)

이 책은 저작권법에 따라 보호받는 저작물이므로 무단 전재와 무단 복제를 금지하며,
이 책 내용의 전부 또는 일부를 이용하려면 반드시 저작권자와 파란정원(자매사 책먹는아이·새를기다리는숲)의
동의를 얻어야 합니다.
*잘못된 책은 구입하신 서점에서 바꿔 드립니다.

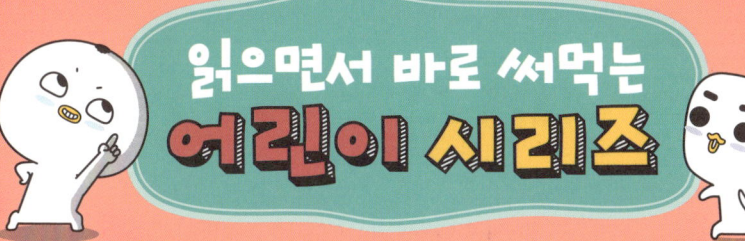

'왜 그럴까?'에서 시작하는
아주 기특한 상식 이야기

〈초등학생이 딱 알아야 할 상식 시리즈〉는 교과서 속에 실린 내용을 중심으로
우리가 꼭 알아야 할 과목별 상식 이야기를 담고 있습니다.
'왜 그럴까?'라는 호기심에 대한 궁금증을
쉬운 설명과 재미있는 일러스트로 알려 주어
외우려고 노력하지 않아도 개념과 원리를 쉽게 이해할 수 있습니다.

조영경 외 글 | 홍나영 그림 | 224쪽 | 각 권 13,000원